작업장의 페미니즘

작업장의 페미니즘

초판 1쇄 발행 2025년 2월 17일

지은이 이현경
펴낸이 강수걸
편집 이혜정 강나래 이선화 이소영 오해은
디자인 권문경 조은비
펴낸곳 산지니
등록 2005년 2월 7일 제333-3370002510020005000001호
주소 부산시 해운대구 수영강변대로 140 BCC 626호
전화 051-504-7070 | 팩스 051-507-7543
홈페이지 www.sanzinibook.com
전자우편 sanzini@sanzinibook.com
블로그 http://sanzinibook.tistory.com

ISBN 979-11-6861-418-5 03330

작업장의 페미니즘

이현경 지음

산지니

들어가며

나는 남초 사업장의 여성 노동자다. 20년이 훌쩍 넘는 시간동안 나의 정체성은 '노동자'였다. 그리고 현장활동가였다. 결혼을 하고 아이를 낳고 기르면서도 이러한 내 정체성에 큰 변화는 없었다. 나에게 '여성성'은 집안에서도 인정하고 싶지 않은 정체성이었고 일터에서도 외면하는 정체성이었다. 그러니까 나는 나의 여성성을 참으로 거추장스러운 짐처럼 여겼다. 가부장적 가족관계에서 강요하는 여성 역할을 신랄하게 비판하고, 외면했고, 현장에서는 여성이 아닌 노동자로서만 행동했다.

그러나 현장에서 내가 아무리 여성성을 무시해도 나는 여성 노동자일 수밖에 없었다. 현장에는 소수이지만 나 말고도 여성 노동자들이 있었다. 그들이 하소연하는 문제는 나의 문제이기도 했다. 그들과 나는 다르지 않았다. 남성을 중심으로 짜인 작업장에서 여성은 보조적 존재였다. 남성 노동자들은 고된 작업 현장의 문제를 여성 노동자 탓으로 떠넘겨 공격하였다.

노동조합에는 여성 사업 담당자가 없었다. 여성 노동자가 노동조합에 부당함을 호소하는 문제는 당사자와 내가 함께 풀 수밖에 없었다. 현장의 구체적인 현실에 추상적인 노동자는 없었다. 그동안 외면해온 여성으로서의 나의 정체성이 드러났다.

집과 일터를 구분하고자 했던 시도는 점점 힘을 잃어갔다.

이때 나의 위치와 조건을 돌아보고 성찰로 이끌어준 것이 바로 페미니즘이다. 내가 남성활동가와 다르지 않고 여성이라는 이유로 이들보다 못할 게 없음을, 여성성을 부정한 것은 결국은 남성성 뒤에 숨고자 하는 비겁한 행동이었음을 깨달았다. 결국 나는 노동자이고 여성인, 여성 노동자 페미니스트가 되었다.

그렇다면 다른 여성활동가들은 어떤 조건에 놓여 있을까? 이들 여성 노동자들이 남성 다수의 대규모 사업장을 기반 삼아 노동운동가로 자신의 위상을 세우고 실천해온 역사, 자본의 관리와 통제를 뚫고 작업장 민주주의를 실현하기 위해 투쟁한 경험들은 제대로 기억되고 있을까? 이 책은 바로 이와 같은 문제의식에서 시작하였다. 이들 여성활동가들이 놓여 있는 조건과 제약을 살펴보고, 여성활동가들은 어떤 갈등과 충돌을 극복하면서 활동을 지속하고 있는지 분석해보고 싶었다. 여성활동가 실천의 지속성과 안정성을 담보할 수 있는 대안과 여성활동가 재생산을 위해 필요한 조건은 무엇일지 찾아보기로 하였다.

나는 남초 사업장에서 일하는 열 명의 여성 노동자를 만났다. 그리고 여성이 압도적으로 많은 작업장에서 일하는 두 명의 여성 노동자를 만났다. 남초 사업장과 여초 사업장 성별 구성의 차이가 일터에 미치는 구체적 영향이 무엇이고, 여성 노동자 행동에는 어떤 작용을 하는지, 차이에도 불구하고 공통으로 경험하는 것이 있는지 비교해보기 위해서였다. 그리고 여성 노동자가 여성활동가, 노동조합 간부로 성장하면서 겪은 남성성과 여성성의 충돌과 갈등은 어떤 것들이었는지 알아보기 위해서 이들의 현재 조건과 상황을 들어보았다. 이들의 목소리를 통해 더 많은 여성 노동자들이 일터에서 뿌리내리는 데 필요한 것이 무엇인지도 알려주기를 기대하였다. 더욱이 이들 여성활동가들은 "나는 페미니스트"라고 말하는데, 페미니즘이 여성 노동자를 단결과 연대, 더 나아가 구체적 실천으로 이끌고 있음을 확인했다.

나는 '남초 사업장에서 소수인 여성활동가'의 현실과 실천에 주목하였다. 이들은 수적으로는 소수지만 일터에 미치는 영향력과 존재감은 결코 소수가 아니었다. 이들은 일터를 대표하는 투사이고 싸우는 여자가 승리한다는 말을 가슴에 새기고 사는 사람들이었다. 나는 바로 이들, 작업장에 여성 노동자의 자리를 만들고 일터의 남성 중심성을 바꾸기 위해 고투하고 있는 여성들의 이야기에 근거하여 이 글을 썼다.

글은 전체 4부로 구성되어 있다. 1부에서는 여성 노동자들이 남초 사업장에 들어가게 된 계기를 살펴보았다. 나는 이들 여성 노동자들이 남초 사업장에 들어가는 사건을 '침입'으로 표현했는데, 이 표현은 남성 노동자들이 한 말을 그대로 옮겨 적은 것이다. 남성 노동자들이 여성 노동자가 자신들의 일터에 들어오는 것을 '침입'으로 표현한 배경을 이해하기 위하여 남성 중심 사업장 고유의 특성과 직무 성격을 함께 서술하였다.

진입 이후 남초 사업장에서 여성 노동자들이 겪는 경험과 실천의 구체적인 내용이 이 글의 2부이다. 여성 노동자들은 입사 이후 동질적인 경험을 하게 되는데 그것은 '여성'이라는 공통성에서 비롯한다. 여성 노동자는 성역할이라는 추가 노동을 해야 할 뿐만 아니라 바로 그 고유의 성역할로 인해 차별을 당했다. 2부에서는 이 글의 주인공인 여성 노동자들에게 삶의 주요한 영역인 '성차별적 노동 현장-성별 분업구조의 축소판인 노동조합-독박 돌봄을 수행하는 가족' 세 공간을 집중적으로 분석하였다.

3부에는 여성 노동자가 페미니즘을 만난 계기와 페미니즘적 실천을 담았다. 여성 노동자들이 페미니즘을 만난 데에는 여성 노동자들 스스로의 고민과 실천에 더하여 페미니즘 리부트라는 사회적 흐름과 미투 운동의 영향이 컸다. 일터에서의 미투 운동과 조직내 성폭력 해결의 경험을 쌓으며 여성 간부와 여성활동가들이 능동적으로 페미니즘을 학습하고 교육하는 구조를 만들었고 여성 노동자 내부에 페미니즘이 확산되었다.

4부는 페미니스트인 여성 노동자, 여성활동가를 지속적으로 배출하기 위한 고민과 탐색을 내용으로 한다. 여성 노동자를 배제하기 일쑤이지만 외면할 수 없는 작업장의 권력기관인 노동조합과 노동조합에 여성 노동자들이 진입할 수 있는 구조적 장치로서 여성할당제의 현실과 의미를 분석하였다. 특히,

노동운동과 페미니즘의 긴장을 살펴보고 일터에서 페미니즘의 이론과 실천이 결합해야 할 필요성을 살펴보았다. 나는 이러한 페미니즘을 '여성 노동자 페미니즘'이라고 부르고 '여성 노동자 페미니즘'이야말로 시대적 요구라고 생각한다.

여성 노동자는 시대적 위기를 극복하는 중심에 선 주체가 될 것이다. 페미니즘을 무기로 든 여성 노동자 스스로 자신의 운명을 결정할 것이라고 전망하였다.

1부

남초 사업장의
여성 노동자

내가 만난 남초 사업장에서 일하는 여성 노동자들, 이들은 '전형적인 노동자'의 모습을 그려보라고 한다면 쉽게 떠올릴 건설 현장, 철도·지하철, 자동차 등 제조업 공장에서 일한다. 대표적인 남성 노동자의 일자리다. 사람들은 이곳의 생산 라인이나 작업 현장에서 여성이 일하고 있다고 쉽게 생각하지 못한다. 노동자 대부분은 남성이다. 그러나 그곳에도 여성 노동자가 있다.

내가 일하는 현장은 회사가 문을 연 1995년부터 여성이 '기관사'로 남성과 똑같이 열차를 운전했다. 여성 기관사는 아주 낯선 존재여서 열차 이용객들은 "여자가 운전을 다 하네?"라고 신기해하며 운전실 앞 유리문 안을 들여다보기도 했다. 여성 기관사들은 쏠리는 시선에 신경 쓰지 않았고 "일상적인 승객 취급에서부터 가장 우려했던 여객사상사고 대처 능력까지 여성 기관사의 책임 사고가 문제되었던 적은 거의 없으며 정확한 통계치를 낸다면 상당히 양호한 평가를 확신"[1]하면서 일했다.

전통적으로 남초 사업장으로 여겨지던 업종에 여성이 진입할 수 있었던 데에는 작업 현장의 자동화, 작업 도구의 경량화 등 작업환경의 변화가 주요하게 작용하였다. 자본의 "새로 도입한 자동화 시스템에 대한 맹신"[2]은 남초 사업장에 여성 노동자가 진입할 수 있는 약간의 가능성을 만들었다. 그러나 자동화가 적용된 현장은 자본의 계산에 오류가 있다는 것을 곧 드러냈다. 자본은 자동화로 필요 인력을 절약했다고 자신했고 노동자들은 최소 인력 배치에 따른 단독 근무를 감수해야 했다. 그 책임과 부담은 노동자에게 고스란히 전가되어 노동자의 생명을 빼앗아가기도 했다. 게다가 남성 중심의 작업장에 들어온 여성 노동자에게 따로 필요한 탈의실, 화장실 등 새로운 시설 마련에 '비용'을 추가해야 했다. 특히 야간 교대근무를 둘러싼 남녀 인력 활용의 차이가 두드러지자 채용 시 여성 노동자를 기피하는 퇴행*이 벌어졌다. 앞으로 자동화는 더욱 가속될 것이기 때문에 육체적 힘을 요구하고 기계를 작동하는 특별한 능력(주로 '남성적 능력'으로 판단하는)을 필요로 하는 남성 고유 업종은 더욱 줄어들 가능성이 크다.** 그렇지만 남성 고유 업종 축소가 모든 산업 분야에 여성 노동자가 남성과 동일한 비율로 진입하는 것을 자동으로 보장하지는 않는다. '지식기술 사회'가 요구하는 노동자상은 남성의 자리를 여성으로 대체하는 것이 아니라 인간의 자리를 기계로 대체하는 것이기 때문이다.

* 열차자동운전시스템을 이유로 기존 2인 승무(기관사1, 차장1)를 1인 승무(기관사)로 전환, 노동력의 절반을 줄였지만, 단독 근무하는 기관사의 부담은 몇 배로 증가하여 심각한 산재사고를 발생시켰다. 여성은 남성과 동일한 자격을 갖추었지만 여성을 남성과 동일하게 야간 교대근무에 투입하려면 작업장 내 여성 기관사가 쓸 침실 등 시설물을 추가로 설치하고 비용을 지출해야 했기 때문에, 초기 여성 기관사 채용 외 오랫동안 여성 기관사는 극소수만 채용하는 데 그쳤다. 여성 노동자 채용 최소화는 다른 직종의 경우에도 공통되게 적용되었다.

** 다만, 생산라인의 자동화, 경량화, 모듈화 속도와 연동하여 남초 사업장에 여성 노동자가 대거 진입할 수 있을지는 확실하지 않다. 예를 들면, 전 세계의 자동차 완성차 자본들이 전기차, 미래차로 사업 구조의 재편을 발표하면서 거의 동시적으로 인력 감축, 구조조정 계획을 발표하고 있다. 현대자동차도 친환경차 생산이 확대되는 경우 7,000명의 인력 감축이 필요하다고 주장하고 있다. 기계의 발달은 노동력 축소와 연동된다.

여성 노동자의 작업장 진입을 결정짓는 것은 자본의 이해관계이다. 자동차 생산라인이 자동화, 로봇화되기 이전에도 여성 노동자는 자본의 요구에 의해 남초 사업장에서 꼭 필요로 하는 노동력으로 동원되기도 하였다. 자본이 원한 그 시대의 여성 상징이 바로 '리벳공 로지'*이다. 2차 세계대전으로 공장을 가동할 노동력이 절대적으로 부족해지자 자본이 찾은 새로운 '노동자'가 바로 여성이었다. 남성으로 조직되어 있던 노동조합이 여성 노동자의 공장 진입을 격렬하게 반대했지만 라인을 계속 가동하기를 원한 자본은 여성 노동자를 고용했다. 전쟁 이전에 3,800명의 노동자 가운데 100명이 여성이었던 미국 포드 공장은 1944년 전시 고용이 최고조에 달했을 때 전체 13,500명 노동자 중 여성이 5,800명으로 43% 증가한 상태였다.[3] 1940년에서 1944년 사이에 경제 전 분야에서 여성 고용이 50% 증가한 것에 비해서 제조업에서는 140%가 증가하였다. 또한 전쟁 관련 산업(철강·화학·고무 등)에서는 같은 4년 동안에 여성 고용이 460%나 증가하였다.[4] 그러나 전쟁 시기에 만들어진 새로운 여성상, 여성 노동자의 모습은 자본과 조직된 남성 노동자가 일시적 필요를 상호 인정한 타협에 의한 것이어

* 미국의 광고대행사 JWT에서 1942년 제작한 포스터로, 하워드 밀러(Howard Miller)가 그린 일러스트 속의 주인공이다. 포스터 속 여성은 붉은 물방울무늬 스카프를 머리에 두르고 푸른색 유니폼을 입었는데, 그녀의 이미지는 전통적인 여성상과 완전히 달랐다. 남성 못지않은 이두박근을 불끈 내보이며 포즈를 취하고 있는 작품의 의미는 '여성은 강하다, 중노동도 감당해낸다'였다.(김동규, "전쟁과 여성, 그리고 리벳공 로지", 〈경기신문〉, 2021.11.26.)

서, 전쟁이 끝나자 이들은 남성 노동자에게 일자리를 내어주고 다시 가정으로 돌아가야 했다. 자본은 여성 노동력을 필요에 따라 동원하고 배제하기를 반복했다.*

산업 자체가 남성의 영역, 여성의 영역으로 구분되는 것은 아니다. 자본이 선호한 노동력의 성별과 관행에 따라서 특정 산업은 남성 다수, 여성 다수로 분할되고 반복적으로 재생산된다. 자본주의 사회에서 가장 근본적인 성역할 분할은 남성이 부양자로서 여성과 자녀로 구성된 가족의 생계를 전담하고 여성은 전업주부로서 집안에서 가사노동과 보살핌을 전담하는 성별 분업구조이다. 성별 분업구조에서 남성은 생계부양자라고 정의되는데 훗(Hood)은 '생계부양자(provider)'라는 용어가 영어권에서 400년 이상 사용되어왔지만, 그것이 전적으로 남성을 의미하게 된 것은 비교적 최근의 현상이라고 지적하였다.[5] 그런데도 남성 중심의 성역할 분업구조에 의해 여성은 남성에게 경제적으로 종속되었고 성적 착취와 불평등은 강화되었다. 여성학자들은 이와 같은 "성별에 따른 일의 분리가 자연에 기초를 둔 것이 아니라 사회, 문화적으로 구성된 분리

---

* 루스 밀크먼은 전쟁 이후 자본이 전전의 성별 분업구조로 회귀한 것은 노동계급의 재생산을 여성이 책임지도록 하는 전통적인 가족의 구성이라는 이해뿐만 아니라 당시 최고조에 달했던 조직된 남성 노동자들의 광범위한 저항에 대한 우려 때문이라고 분석한다. 여성을 산업 현장에서 몰아내더라도 여성 노동자들이 미조직되어 있고 당시에 여성운동이 저조한 상황이었기 때문에 여성 노동자들의 정치적 저항에 직면하지 않을 것으로 판단할 수 있었고, 자본은 전후 산업의 재편성 국면에서 흑인과 여성을 다르게 취급할 수 있었다는 것이다.(루스 밀크먼, 전방지·정영애 옮김, 『젠더와 노동』, 이화여자대학교 출판부, 2001.)

체계"⁶임을 수없이 강조했다. 성별 분업구조는 지배 체제를 유지하고 노동력을 재생산하는 핵심 구조와 제도로 작동하고 있다. 생계부양자인 남성은 어디든지 갈 수 있지만 남성의 공간에 들어간 여성은 낯설고 이질적인 존재, 침입자로 간주된다.

내가 만난 여성활동가들

나는 남초 사업장 중에서도 주로 대규모 사업장에서 노동조합 간부, 활동가로 실천해온 여성 노동자들을 만났다. 내가 남초 사업장 가운데 대규모 사업장을 주목하는 이유는, 해당 사업장들은 한국 사회에서 국가의 기간산업이라는 상징적 위치에 있을 뿐만 아니라 노동운동에서도 핵심인 현장이기 때문이다. 민주노총 전체 조합원 120만 명(2024년 6월 기준) 중 내가 만난 여성 노동자들이 소속된 노동조합(상급단체 기준) 조합원 숫자가 절반을 넘는다. 민주노총과 한국노총을 모두 포함하여 조합원 300명 이상인 노조는 12.9%(917개)에 불과하나 조합원 수는 전체의 88.8%를 차지하고 있어, 전체 조합원 수 대비 300인 이상 규모 노조의 조합원 수 비중이 압도적으로 크다.* 내가 만난 여성활동가들 소속 노동조합의 조합원 수와 여성 비율은 다음과 같다.

* 「2021년 노동조합 조직 현황 분석」, 고용노동부, 2022.12.

[표1-1] 주요 남초 사업장 노동조합 조합원 수

소속	민주노총	공공운수노조	금속노조	건설산업연맹
조합원수(단위: 천 명)	1,212,539	236,218	187,632	183,141
여성 비율(비율: %)	30.1	41[*]	5	5.1

※자료: 「2021년 노동조합조직현황 분석」(고용노동부, 2022.12.) 재구성

　　또한, 대규모 남초 사업장은 "노동이 크고, 무겁고, 시각적으로 장대한 대상물을 다루는 것으로서 세밀한 기술만이 아니라 많은 육체적인 힘을 요구하여 노동자 문화 속에 남성성이 강하게 나타날 수 있는 거의 모든 조건을 구비하고"[7] 있다. 흔히 남초 사업장 업무는 남성 고유의 직종이라고 인식되고 인적 구성, 작업 내용, 업무의 권한이 모두 남성에게 주어져 있다. 노동조합 또한 크게 다르지 않다. 그와 같은 남초 사업장에서 여성 노동자들이 일하고 있다. 특히 그들은 작업장의 남성 중심성, 노동조합의 가부장성을 극복하고자 치열하게 실천하고 있는 '여성활동가'[**]들이기도 하다.

* 공공운수노조는 공기업, 병원, 화물, 교육공무직, 문화 예술 등 매우 다양한 업종을 포함하고 있다. 공공운수노조 조합원 중 여성 비율이 41%에 이르는데, 본 연구의 분석 대상 사업장인 철도와 지하철 두 사업장의 남녀 비율은, 각각 13%, 11%로 공공운수노조 전체 조합원 남녀 비율과는 상이하다.

** 이 글에서 정의하는 '여성활동가'는 본인이 속한 작업장을 기반으로 작업장의 민주주의를 쟁취하기 위한 투쟁을 벌일 뿐만 아니라 작업장을 넘어서 노동자 전체의 권리 쟁취와 한국 사회의 실질적 민주화와 더 나은 세상을 위한 실천을 자기 사명으로 인식하고 능동적으로 행위하는 여성 노동자를 의미한다. 따라서 여성활동가는 노동조합 간부이면서 활동가인 경우도 있고 간부 역할을 맡고 있지 않은 경우도 있다. 노동조합 간부라는 것은 여성활동가 정체성의 일부분이다. 본 연구에서는 이러한 개념을 기본으로 여성 간부와 여성활동가를 혼용해서 표시한다.

남초 사업장의 여성활동가들은 노동조합 일반의 활동, 노동자 민주주의를 확대하기 위한 사업장 내 전반적인 활동, 여성 노동과 여성 노동자 문제의 해결, 이 모든 영역에서 실천을 지속해왔다. 내가 이들을 만난 이유는, 남성의 수적 우월함이 사업장 전 영역의 구성과 운영에 투사되어 있는 대규모 남초 사업장에서 여성활동가는 자신의 실천을 어떻게 의미화하고 있는지 알고 싶었기 때문이다. 남초 사업장 노동조합에서 여성 노동자가 과소 대표, 주변화, 부차화되는 문제를 극복하기 위해서 어떻게 활동해왔고 무엇이 가장 필요하다고 생각하는지 궁금했기 때문이다.

　　나는 남초 사업장 여성활동가 10명과 대표적인 여초 사업장 여성활동가 2명을 만났다. 내가 만난 12명의 여성활동가를 소개한다.

[표1-2] 내가 만난 여성활동가들

참여자	연령	소속*	역할	업무	경력	학력
A	40대	노동조합 지역 지부	조합원	차량 정비	19년	대졸
B	40대	노동조합 중앙	임명간부	전기 보수	19년	대졸
C	30대	노동조합 본부 지회	조합원	역무	6년	대졸
D	50대	산별노조 중앙	선출간부	타워크레인	30년	중졸
E	50대	노동조합 분과 지부	선출간부	먹반장**	30년	대졸
F	30대	노동조합 분과 지부	임명간부	형틀목수***	5년	대학원졸
G	40대	산별노조 중앙	선출간부	자동차 생산	19년	대졸

H	40대	노동조합 중앙	임명간부	자동차 생산	25년	고졸
I	40대	노동조합 지부	선출간부	물류담당 해상컨테이너 최적화코디네이터****	14년	대학원졸
J	50대	지역본부 중앙	선출간부	식음료 생산	20년	고졸
K	30대	노동조합 중앙	임명간부	교사	10년	대졸
L	40대	노동조합 지부	선출간부	간호사	15년	대졸

※ 여성활동가들을 만난 2022년 당시를 기준으로 작성하였다.

여초 사업장의 여성활동가를 만난 이유는 이들이 남초 사업장 여성활동가와 다르게 작업장에서 어떤 주도성을 발휘하고 있는지 궁금했기 때문이다. 남초 사업장과 반대로 구성원의 압도적 다수가 여성인 작업장에서 여성의 대표성은 어떻게 실현되고 있는지, 남초 사업장의 여성활동가가 겪는 문제

* 인터뷰 대상자들은 모두 민주노총 소속의 노동조합에 속해 있다. 민주노총은 16개 가맹조직과 16개 지역본부 체계로 되어 있다.

** 건설 현장에서 기초공사를 끝낸 후 설계도면을 기준으로 콘크리트 바닥에 밑그림을 그리는 일을 하는 노동자를 말한다.

*** 건설 현장에서 구조물의 콘크리트 거푸집(임시틀)을 만들고 제거하는 작업을 담당하는 목수를 말한다. 건축물의 뼈대를 세우는 작업이며, 규격화된 형틀이 없었을 때는 형틀을 모두 목재로 만들었지만, 규격틀이 나오면서 규격 형틀을 조합하는 일이 주가 되었다고 한다. 무거운 철근을 나르고 손이 많이 가는 일에 속하며 외부에서 주로 작업을 하기 때문에 날씨의 영향을 많이 받는다. 건축 현장에서 목수라고 하면 외장목수(형틀목수)를 주로 가리킨다.

**** 해외에서 해상 운송으로 수입해 온 자동차 부품을 최적화, 자재가 생산에 적절한지 업체와 협의하고 해상운송 중 자재, 부품이 파손된 경우 개선요청 등의 일을 한다.

는 여초 사업장 여성활동가와 무관한지, 여초 사업장에서 여성 노동자를 조직하고 여성활동가를 재생산하는 것은 남초 사업장과 어떤 공통점과 차이점를 갖는지 비교해보기 위해서였다.

나는 어떻게 남초 사업장에 들어오게 되었나

여성 노동자들은 '남성'의 일터로 대표되는 남초 사업장에서 어떻게 일하게 되었을까? 나는 여성활동가 10명을 인터뷰하여 여기에 크게 두 가지 계기가 있음을 확인하였다.

첫 번째는 생애 주기에 따른 경우이다. 생애 주기에 의한 입사의 경우는 다시 세 가지로 구분하였다. 첫째, 졸업에 이은 취업. 둘째, 경력단절 이후의 (재)취업에 의한 입사. 셋째, 여성 다수 일터에서 차별을 경험한 후에 "여성이 차별받지 않는 일터"를 적극적으로 찾고 준비해서 자격을 갖춘 후 능동적으로 남초 사업장에 진입한 경우이다. 두 번째는 '노동운동을 하겠다'는 명확한 목적을 가지고 자신이 활동을 전개해나갈 현장으로 남초 사업장을 선택하여 진입한 경우이다.

[표1-3] 남초 사업장 진입 계기 분류

계기		생애 주기에 의한 진입	노동운동을 목표로 진입
사례	C, H, I	졸업 이후 취업	A, B, E, G
	F, J	경력단절 이후 재취업	
	D	차별 없는 일터를 찾아서 남초사업장 진입	

생애 주기에 따라
남초 사업장에 진입하다

여성활동가들은 졸업 이후 취업과 이어진 결혼, 임신과

육아를 위한 휴직 또는 퇴사와 연동되는 경력단절, 생계를 위한 재취업 등 서로 시기는 다르지만 낯설지 않은 여성 공통의 경험을 각자의 생애 속에서 겪으면서 남초 사업장에 진입하였다. 여성 노동자들은 남초 사업장에 들어갔지만 남성 노동자와 직접적으로 대면하는 경험은 많지 않았다. 작업 현장 자체가 성별로 분업화되어 있었기 때문이다. 사무직인 여성 노동자는 사무실에서 일했고 생산직인 남성은 현장에서 일했기 때문에 거의 만날 일이 없었다. 생산라인에서 일하는 경우에도 남성 노동자와 분리된 채 여성 노동자만으로 구성된 생산공정에서 일했다. 남초 사업장에 들어갔지만 여성 노동자들은 성역할에 의해 구분된 장소에서, 주로 '여성의 일'로 여겨지는 노동을 맡았다.

H는 졸업 후 곧바로 취직을 했다. 결혼과 임신, 아이를 기르는 전 과정에서 단절 없이 취업 상태를 유지했다. 현재 40대인 H는 고등학교 졸업 후 곧바로 97년 3월에 자동차를 만드는 공장의 사무직으로 입사하였는데 입사한 지 16년이 지나도 사무직 '여사원'이라는 신분은 변하지 않았다. 학력과 성별에 의해 사무직 내부에서 진급 차별을 겪는 상황을 바꾸고 싶어서 "승진에 차별이 없었으면 좋겠다"라고 노동조합에 "현장 고충을 건의"하였다. 이 문제는 노사 간에 협의 안건으로 다루어졌지만 회사는 승진 관련한 인사권은 회사의 고유 권한이니 침범하지 말라며 수용을 거부했다. 문제가 해결될 기미를 보이지 않다가 "사무직군에 관련해서는, 승진이 안 되고 어느 정도 연

령이 차오르는데도 사무실에서 부대껴서 계속 근무하기가 힘들면 고충 해결 차원에서 전직할 기회를 준다"라고 노사가 합의하였고, H는 고민 끝에 사무직에서 생산직으로의 전환을 선택하였다. 사무직 근무 기간 동안은 생산직 남성 노동자들과 접근하는 일이 거의 없었는데 생산직으로 전환하게 되자 이때부터 남초 사업장 생산라인의 소수인 여성 노동자가 되었다.

H   2012년도 연말에 그런 협의가 도출이 됐었고 그래서 2013년 1월 1일부로 저는 1차 전직 시행할 때 현장 기술직으로 아예 업무를 바꾸게 됐죠.

　　H가 생산직으로 전환할 수 있었던 배경에는 자동차 생산라인의 작업 공정이 경량화, 자동화로 변화한 현실이 있었다.
　　물론 자동화의 결과가 일자리 성평등으로 곧바로 연결되는 것은 아니다.
　　'노동 대체적 합리화 전략'은 자동화를 통해 필요인력의 최소화를 의도한다. "공정의 자동화 단계에 따라 여성이 기계설비를 다루는 업무에 배정되기도 하지만 자동화 단계가 높아질수록 직무의 성격이 변화하면서 남성을 더 선호하는 경향으로 나타나기도 한다. 그리고 이러한 변화의 기저에는 '기계설비 업무=남성의 영역'이라는 성역할 고정관념이 자리 잡고 있다."[8] 자동화에 의해 여성의 남초 사업장 진입 장벽이 낮아질 수 있지만, 자동화 자체만으로 여성 진입이 확대되지는 않는다. 객관적 조건이 변화하더라도 여성 진입을 가로막는 성별 분업구조와 고정관념은 지속될 수 있다.

F와 J는 아이 양육에 전념하다가 취업하였다. F는 결혼 이후 세 자녀의 출산에 이어 돌봄을 전담하다가 자녀들이 어느 정도 성장한 후 취업하였다. F는 건설노동조합이 건설노동자를 조직하는 주요한 경로가 되고 있는 기능학교*를 졸업하고 건설 현장에서 토목건축 분야의 '형틀목수'로 취업하였다. F는 건설 분야 취업을 개인적으로 '선택'했지만, 현장에 여성 노동자가 들어오기까지의 전 과정은 노동조합이 '목적의식적'으로 주도하였다. 노동조합이 교육기관(기능학교)을 운영하여 해당 업종의 노동자를 교육, 양성, 배출하고 현장 적응과 조직화 전 과정에 영향력을 행사한 것이다.

F   애들이 어렸기 때문에 그냥 애들을 집에서 보고만 있었는데, 어쨌든 일을 구해야겠다는 생각은 들었고… 시아버지께서 "건설 현장에도 여성이 있더라" 뭐 그렇게 얘기를 하더라고요.

* 건설기능학교는 건설업 구직자들을 대상으로 형틀목공·철근(공사)·플랜트 용접 같은 기능훈련을 하는 건설노조 부설기관이다. 안산·서울·파주·성남을 비롯한 지역에 있다. 건설근로자공제회 기능훈련 지원 사업을 비롯한 정부·지방자치단체 사업에 참여해 재정을 지원받아 운영한다. 건설업 구직자들은 정부가 주는 소정의 훈련수당을 받으며 이곳에서 수업을 들을 수 있다. 수업을 수료하고 나면 취업지원을 비롯한 서비스를 받는다. 안산건설기능학교에서는 형틀목공·철근공 일을 가르친다. 평일 오전 8시 30분부터 오후 3시까지, 20일 과정으로 교육한다.(최나영, "안산건설기능학교를 가다", 〈매일노동뉴스〉, 2021.05.11.)

그리고 "기능학교 나오면 건설 현장에서 일을 할 수 있다고 하더라. 그런데 이제 출퇴근 시간 정확하고 내가 쉬고 싶을 때 쉬고 이런 거가 있기 때문에, 그리고 오후에 5시면 퇴근을 해서 아이들하고 충분하게 시간을 보낼 수 있기 때문에 괜찮다" 이렇게 얘기를 하더라고요. 그래서 그럼 나도 해보지 뭐.

건설노동자를 직접 교육하고 취업을 지원하는 노동조합, 스스럼없이 건설 현장을 일터로 권유하는 시아버지와 흔쾌히 결정하는 며느리, 드문 역할을 한 노동조합과 유쾌한 개인들의 결정은 머지않아 건설노동조합 안에 의욕적인 젊은 여성활동가의 출현과 여성 노동자 조직화의 성과로 나타난다.

J는 남편과 같은 회사에서 일하다가 결혼 후 아이 양육을 위해 퇴사했다. 10년이 지나서 아이들이 어느 정도 성장하자 퇴사했던 회사에 다시 입사하였다.

J   제 기억으로는 88년도인가? 88년도인 거 같아요, 88년도. 19살이었으니까. 그때 잠깐 3년 몇 개월 (일)하고. 제가 사내 결혼이었거든요. 그래서 그때 결혼하고 아이를 키우다가 2002년도에 재입사를 하게 되죠.

마지막으로, D의 경우는 매우 독보적이다. D는 다른 여성들보다 훨씬 이른 나이에 취업을 했다. 그런데 노동 현장에서 여성 차별과 학벌 차별을 경험하면서 차별 없는 일터를 원하게 되었고, 탱크로리 운전, 버스 운전을 한 후에 타워크레인 기사가 되었다.

D 방직회사에 들어가니까 차별들이 심하더라구요. 단순한 노동을 하는데도 학벌에 대한 걸 따지고 그리고 여성이라는 차별이 있었어요. 그래서 차별이 없는 거를, 이제 혼자 나와서 사회생활을 하다 보니까 전세자금 정도 이렇게 됐을 때 그때 그만두고, 차별이 없는 데를 좀 찾아다니다 보니까 탱크로리 운전을 하게 되었어요.
(그러니까 여성한테 차별이 없는, 여성이 남성과 비교해서 받는 차별이 없는 사업장을 찾다 보니까?)
그런데 그거 역시도 차별이 있었어요. 탱크로리도 주유소 계열에 있는 분들이 다 남자고 저만 여성이었는데 거기에 차별이 있더라고요. 그래서 다시 버스를 한 거예요. 버스는 그런 차별은 없었죠. 그리고 중장비에 대해서 관심이 있었는데 좀 차별 없는, 누구한테 지시 안 받고 나의 의도대로 '나만 잘하면 되는 장비가 어떤 걸까?', 그래서 그때 당시에 지게차, 포크레인, 타워크레인 중장비 자격증을 따고 그때 당시에 제가 버스 타면서 이걸 준비를 한 거죠.

50대 후반으로 몇 년 후면 정년을 맞이할 D*는 직업 선택 뿐만 아니라 자신의 전 생애 주기를 당시로서는 매우 '튀는' 쪽으로 결정하였다. 본인은 "나는 페미니스트는 아니지만"이라고 말하지만 여성의 생애 주기별로 요구되는 '여자 각본'을 따르지 않고 자신의 의지와 판단을 기준으로 자기 삶을 '주체적으로' 결정해온 D를 페미니스트가 아닌 무엇으로 호명할 수 있을까. '자생적 페미니스트'인 D는 군부 독재 정권이 지배하는 나라에서 아이를 낳아 기를 수는 없겠다는 결심에 따라 자녀 출산을 하지 않았다. 건설산업연맹 부위원장 3년의 임기를 마치고 현장으로 내려올 계획이었지만, 특정 정당에서 여성할당인 부위원장 자리에 특정인(단 한 번도 여성위원회에 참석하지 않았던)을 "내려꽂기" 하려 하자 그것을 막기 위해 다시 선거에 입후보하여 경선을 치렀고, 부위원장에 재당선되었다.

D는 생애 주기의 중요한 국면마다 개인적 수준에서 선택하고 결단했다. 노동 현장의 여성 차별을 예민하게 자각하고 새로운 직업을 찾아나섰던 선택, 입시 전쟁 속에 아이를 키울 수는 없어서 아이를 낳지 않겠다고 결심했던 선택이 대표적이다. 그렇지만 D는 여성이 해방된 생활을 하기 위해서는 경제적 자기 충족이 필수적이라는 현실[9]을 잘 알고 있었고, 직업을 능동적으로 선택하여 가부장적 가족관계에서 자율성을 발휘할 수 있는 영역을 확보했다. 그리고 지금은 개인을 넘어서 조직

---

* 나는 D를 2022년 여름에 만났다. D는 2024년 12월 31일, 긴 노동을 마치고 정년퇴직을 했다.

에서 작업장의 여성 노동자들과 함께할 수 있는 집단적, 연대적 실천에 전념하고 있다. D는 페미니스트이다.

"노동운동을 하기 위해"
남초 사업장에 진입하다

A, B, E, G가 여기에 해당한다.

A와 B는 동일한 문제의식을 가지고 한국철도공사*에 입사하였다. 당시에 전국철도노동조합은 노동조합 민주화 투쟁의 성과로 역사상 처음으로 조합원이 위원장을 직접 선출하여 '민주집행부'를 갓 출범한 상태였다. 노조민주화 투쟁에서 중심 역할을 했던 활동가들이 노동조합의 틀을 새롭게 조직하고 있었다. 집행부는 의욕에 차 있었고, 현장 전반에 노동조합의 장악력이 큰 시절이었다. A는 철도 차량을 정비하는 분야에, B는 전기 시설물의 보수와 설치를 담당하는 분야에 입사했다. 특히 A의 경우 노동조합의 영향력이 크고, 민주노조 성향의 현장 간부들이 다수 존재하여 전투적, 민주적 현장으로 손꼽히는 지역의 작업장에 배치되었다.

A   제가 사실 2000년에 철도노조 민주화 지원연대의 간사**로,

* A와 B가 입사하던 당시에는 명칭이 철도청으로, 종사자들은 공무원이었다. 2005년 그 명칭이 현재의 중앙 공기업인 한국철도공사로 바뀌었고, 종사자들은 공무원에서 공기업 노동자로 신분이 바뀌었다.

** 노동조합 활동에 동참하고 지원하기 위하여 외부에서 노동조합에 들어간 실무자를 일컫는다.

입사하기 전에 왔어요. 철도노민추* 지원연대. 그때는 이제 철도노동조합이 어용노조여서 철도 동지들이 만든 지원연대, 철도노조를 어떻게 민주화할 것인가 하는 지원 연대가 있었고, 94년 파업** 이후에 해고 생활을 오래 하고 계신 분들이 노조민주화추진위원회를 결성해서 같이 활동을 한 거죠. 같은 사무실 안에서. 이제 동시에 그때 2000년에 제가 간사로 들어왔고 2003년에 시험 봐서 입사를 했죠.

A와 B는 동일 사업장에 입사했지만 일하는 분야가 다르고 소속 현장에 노동조합의 영향력이 관철되는 정도가 달랐기 때문에 두 사람이 현장에 적응하고 노동조합 활동을 하는 경로는 차이가 컸다. A와 같은 사업장에 들어온 B는 자신의 입사 동기를 다음과 같이 설명한다.

---

* 철도노동조합민주화추진위원회. 줄임말로 철도노민추 또는 철민추라고 부른다.

** 1994년 전국지하철노동조합협의회(철도전국기관차협의회, 서울지하철노동조합, 부산지하철노동조합이 만든 조직으로 약칭 전지협)의 파업을 말한다. 전지협은 애초 6월 27일 오전 4시에 '전국 철도 지하철 공동 파업'을 예정하고 있던 상황이었다. 공동 파업을 깨기 위해 정권은 전국기관차협의회(전기협)가 농성 중이던 철도 용산사무소에 공권력을 투입했다. 전기협이 침탈당하자 서울지하철과 부산지하철이 연대파업에 돌입하고 전국의 20여 개 노동조합이 연쇄 파업에 들어갔다. 당시 전국노동조합협의회(전노협)는 투쟁을 엄호하여 연대집회와 항의투쟁을 조직해나갔다. 전지협 파업은 궤도(철도 분야)노동조합 역사에 단위 사업장을 넘어서 연대 투쟁한 공동의 기억으로 남아 있다.(이철의, "새벽에 들이닥친 경찰... 1994년 6월 23일, 그때 그 파업", 〈오마이뉴스〉, 2020.07.02.)

B   네, 그때는 제가 학창 시절 때 한국통신 투쟁을 또 봤고, 그때
     저희 내부에서도 이제 금속이 아니라 공공 분야의 운동을 좀
     개척을 해야 된다라는 그런 얘기가 많이 있어서, 저도 한국통
     신부터 해서 서울메트로 준비를 계속하고 있었거든요. 그런데
     메트로가 계속 공고가 안 나더라고요. 도시철도도 한 번 나오
     고 계속 기다리던 찰나에 철도공사가 나왔는데, 선배 중에 한
     분이 철민추 때부터 계속 인연을 저희 학교 때 인연을 맺어와
     가지고, "철도에 같이 한번 들어가 보자"라고 그러셔서, "알겠
     습니다" 하고 준비한 거죠.

     A와 B는 활동 기반으로 공공부문 중에서도 국가 기반 산
업을 선택했다. 공공부문은 국가가 사회간접자본 정책을 어떤
방향으로 어떻게 운용하고자 하는지에 따라 직접적인 영향을
받는다. 실제 A와 B는 입사 이후 장기간 철도 구조조정과 민
영화에 맞서 투쟁을 벌였다. 2003년 철도 민영화 저지 총파업,
2006년 철도 외주화 철회 투쟁, 2008년 철도 민영화 반대 투
쟁, 2013년 수서발 KTX 민영화 반대 총파업 등의 과정에서 투
쟁했고 이처럼 국가를 상대로 직접적으로 투쟁하는 과정에서
징계와 해고를 반복해서 겪었다.
     E와 G가 선택한 현장은 민간기업이다. 공공부문과는 다
르게 국가와의 직접적 적대는 상대적으로 약하다. 그렇지만 건
설은 대표적인 국가 고용 증대 정책에 활용되는 산업이고 자
동차는 국가의 경제 동향 분석에 빠지지 않고 등장하는 제조

업 핵심 산업이다. 둘 모두 국가의 간섭과 개입에서 자유롭지 않은 사업장이다. 목적의식적으로 현장에 들어간 A, B, E, G가 선택한 현장은 공공부문과 민간기업이라는 차이는 있지만, 한국 사회 경제와 고용 전반에 미치는 영향이 큰 사업장이어서 국가 정책 방향에 따른 영향을 많이 받는다. 이들이 각각 속한 노동조합도 사회적 영향력이 크고 대중적인 관심을 집중적으로 받는다는 공통점이 있다.

E는 선배에게 건설 일용직 노동자 조직이 필요하니 건설 현장에서 조직 작업을 해보자는 권유를 받았다. 정규직 중심의 노동 지형이 변화하고 있고 비정규직 조직화가 필요하다는 판단으로 현장에 들어갔다.

E   아니 "건설노동자를 조직하자" 이러더라고요. 그래서 "그걸 내가 할 수 있겠냐" 그랬더니 얘기를 하는데, 그때 이제 가게 된 계기가 그때 그 얘기를 들었을 때가 제가 성공회대학교 노동대학을 다녔거든요. 1기부터 4기까지 다녔어요. 근데 그때 IMF 이후에 비정규직이 많아지고 이제 완전히 노동판이 바뀌었잖아요. 근데 그런 부분들에 대한 교육을 받고 있는 중이었으니까 고민이 또 되더라고요. '건설노동자 일용직 노동자들이 있고 이제는 비정규직을 조직해야 될 때라고 하는데…' 이 생각이 들어서 "그럼 한번 해보겠다"라고 시작한 거죠.

G의 경우, 현대자동차 ○○공장에 비정규직으로 취업하

였다. G는 스스로 본인을 "매우 전형적인 학출"*의 현장 진입
사례로 설명하였다.

G   대학교를 들어갔다, 가가지고 동아리를 들어갔다, 거기가 운
     동권 동아리였다, 그래서 세미나를 했다, 그랬는데 공산당 선
     언을 보면서 이제 폭포, 머릿속에서 막 번개 치는 것 같고, 세
     상에 이렇게 한 번 딱 뒤집힌 거죠. 그래서 '아아아 음음 세상
     이 이렇게 움직이고 있는 거구나', 약간 그런 이제 우리가 흔
     히 표현할 때 각성, 약간 변화? 인생이 바뀐 거죠. 그래서 운동
     하고… 하여튼 이렇게 투쟁하는 노동자, 내가 노동자가 되어
     투쟁하는 노동자들과 함께 혁명을 하고… 그래서 현장에 와서
     는 그 시기가 2000년대 초에 세상이 신자유주의 구조조정 들
     어오면서, 우리나라에서 아직 그때는 비정규직이라는 말도 그
     렇게 많지 않았고 시작되는 시기인데 '이거는 뭔가 다르다', 그
     리고 그때는 이런 건지 나도 몰랐고, '비정규직 운동을 어쨌든
     하지 않으면 안 되는 거구나'라는 생각을 했고, 실제 취업하려
     고 해도 정규직 일자리는 그때부터 이미 없어지고 있었고 그
     래서 이제 취업을….

     80년대 학생운동가들의 노동 현장 투신을 통한 존재 이
전이란 중산층적 존재나 문화를 부정하고 노동자로 존재를 전

* 노동 현장에 투신한 학생운동가를 '학생 출신 노동자', 줄여서 '학출'이라는
호칭으로 불렀다(유경순, 2015).

환하는 것을 의미했다.[10] '학출'의 활동가들이 신분을 속이고 공장에 들어가는 행위는 '위장취업'이었고, 그들에게 '지식인 적이다'라는 말은 가장 뼈아픈 비난으로 받아들여졌다.[11] 그러나 1997년 IMF 경제 위기를 계기로 노동시장이 개편되면서 청년학생층은 한국 사회에서 상대적 과잉인구로 등장[12]하였다. 2000년대 '학출'의 현장 진입은 이미 정규직보다 비정규직이 더 많고 20대 실업률이 전체 실업률의 두 배 수준에 이른 상황에서 G의 말처럼 '운동'의 의미와 활동가 자신의 '취업'이라는 중첩된 의미를 갖게 되었다.

이와 같이 내가 만난 여성활동가들은 다양한 계기를 통해서 남초 사업장에서 일하게 되었다. 생애 주기에 따라 진입한 경우도 있고 목적의식적으로 처음부터 '활동가'를 지향한 경우도 있었다. 이들은 저마다 진입 계기는 달랐지만 진입 이후에는 각자의 작업장에서 마치 같은 공간에 있는 것처럼 공통된 경험을 하게 된다. 남성 노동자들은 여성 노동자의 남초 사업장 진입을 '침입'으로 인식하여 여성 노동자의 노동자성을 부인하였다. 남성과 동등한 권리와 영역을 요구하는 여성 노동자를 배제하고 장벽을 쌓았다. 여성활동가들은 작업장에서는 끊임없이 노동자성과 여성성의 충돌을 겪어야 했고, 가정에서는 노동자성을 완전히 탈각하고 여성성에 복무할 것을 요구받는 현실을 만났다.

2부

여성 노동자의
장소

남녀에게 각자 있어야 할 곳, 장소를 정해놓은 이론이 성별 분업구조이다. 남성은 '생계부양자', 여성은 '가사노동 전담자'로 설정하는 성별 분업구조는 현실적 실현과 관계없이 경제, 정치, 사회문화, 이데올로기의 구조적 힘이다.

　　1970년대 산업구조는 경공업, 여성 중심으로 되어 있었고 여성 노동자는 '산업 역군', '수출 전사'라는 미명으로 동원되었다. 그렇지만 여성 노동자에게 현장은 보완의 공간(돈을 벌고, 노동조합 활동을 하는)이었고 가정은 본연의 공간(여성성을 실현하는, 낳고 살림하고 돌보는)이었다. 여성의 초혼 연령은 1975년에 22.8세, 1981년에 23.2세였다.[13] 당시 경제성장을 이끈 주요한 동력은 여성이었다. 1970년대 한국 노동운동의 중심에는 여성이 있었다. 그러나 사회가 요구하는 여성의 핵심 정체성은 출산하는 여성, 양육하는 여성, 살림하는 여성이었다. 그것이 70년대 여성 노동자가 처한 분열적 현실이었다. 산업의 주체이고 투쟁의 주체였던 여성을 관리하고 통제하는 힘은 남성에게 주어져 있었고, 그 힘이 역전되어 전복될 때 남성들은 여성 노동자들을 극렬하게 제압하고자 했다(예: 동일방직 노동조합 사례).

　　70년대 여성 노동자들은 성별 분업구조에 포위된 상태였고, 여성 노동자의 경제적, 사회적 자율성은 제한적으로만 실현되었다. 여성 노동자 투쟁의 주축은 20대 초중반 미혼의 여성들이었는데 이들은 기혼이 되면 "이제 결혼했으니 (가정으로) 돌아가라"라는 사회적 압박을 받았다. 하루 10시간 이상의 장시간 노동을 끌어내기 위해 국가는 가족 돌봄을 여성의 책임으로 규정했고, '남성 생계부양자, 여성 전업주부' 가족을 보편적인 가족 모델로 정착시켰다.[14] 이념적으로는 남성 생계부양자 가족이 규범적 지배력을 갖고,[15] 80년대 중공업 위주의 산업구조 재편에 의해 여성 노동자는 노동시장과 노동운동 영역에서 퇴장하였다.*

80년대 중반 여성들은 '아줌마 노동자'로 다시 노동시장에 호출되었다. 1985년, 30~34세 여성 취업자는 63만 8,950명으로 다시 늘어, 15년 전 청계천·구로공단에서 일하던 10대 노동자만큼의 숫자를 회복했다.[16] 그러다가 1997년 IMF 경제 위기에 직면했다. IMF 경제 위기의 고통과 사회적 상처는 '고개 숙인 남성'으로 이미지화되어 있다. 그러나 그 시기가 남성들에게만 고통의 시기였던 것은 아니다. 공적 가부장제** 안에서 사회로 진출했던 여성들은 남성들보다도 더 먼저 그로부터 배제되었다.[17] 여성은 여성이라는 이유로, 결혼하여 생계부양자가 있다는 이유로 일터에서 쫓겨났다. IMF 당시 내가 일

---

* 당시 여성 노동자들의 투쟁은 여성 노동자들이 단지 가부장제의 희생자가 아니라 노동자로서 차별과 억압에 맞서 집단적으로 투쟁하는 존재라는 사실을 보여줬다. 그뿐 아니라, 한국 노동자들의 계급의식을 일깨우는 데 크게 기여했다. 당시 한 관찰자의 말처럼 "1980년대 중반 남성 노동자들이 스스로 행동하기 시작했을 때, 그들은 10년 이상 정의를 위해서 투쟁해온 여성들의 어깨 위에 자신들이 서 있는 것을 발견했다."(최미진, 2012; 구해근, 2002:152에서 재인용)

** 공적 가부장제(public patriarchy)는 공/사 영역의 분리를 전제로 가정 밖의 가부장제를 설명하는 데 주로 사용하는 용어이다. 그런데 공적 가부장제는 이론가에 따라 용어 사용의 범주가 달라, 좁게는 국가만을 지칭하고 넓게는 국가와 노동시장을 포괄한다(김경희·김혜장, 「가부장적 국가」, 『여성과 사회』, 제8호, 1977, 318-328). 이 글에서는 넓은 의미에서 사용했다.

하는 작업장에서도 정리해고를 한다면 1순위는 당연히 '사내 부부' 중 여성이어야 한다고 노동자 내부에서 공공연하게 거론되었다. 여성에게는 '생계부양자'가 있다고 전제되었기 때문이다. 그리고 여성의 노동은 "반찬값 벌고 애들 학원비 보태는" 보조적이고 부수적인 노동으로만 취급되었기 때문이다. IMF 이전부터 단순노무직, 판매, 서비스업에 주로 종사했던 여성들은 IMF 경제 위기와 2008년의 경제 위기 이후 한국 사회에 증가한 '나쁜 일자리'에 주로 고용되어 일하다가 여전히 여성이라는 이유로 일자리를 잃었다.[18] 코로나19 위기 국면에 처하자 여성 노동자는 셧다운된 사회와 시장을 대신하여 돌봄노동을 떠맡아 가장 먼저 가정으로 되돌아가거나 실업, 해고 상태에 놓였다. 다른 한편에서는 신자유주의 시대의 요구에 따라 여성 또한 '개별화'와 '경쟁'의 주체가 되어 남성과 '공정한' 경쟁이 가능한 링을 스스로 요구하는 상황이 되었다. 이렇게 시대의 변화에도 여전히 성별 분업구조는 견고하고 여성 노동자의 주변적, 보조적 위치에는 변화가 없다.

남성의 위치는 어떠한가. 시대를 불문하고 한국 사회에서 남성은 가족을 먹여 살리는 생계부양자로 당연시되었다. '생계부양자인 남성'이 지배적인 남성성, 헤게모니적 남성성이었다. '헤게모니적 남성성'은 특정한 사회문화적 맥락 내에 존재하는 다양한 남성성들 중에서 가장 가치 있고 문화적으로 이상적인 것으로 간주되어 '헤게모니적 위치'를 차지하는 남성성을 말한다.[19] 한국 가족에서 남성의 생계부양자 역할은 그 실제적 수행

여부와 무관하게 강력한 이데올로기적 요소로 존재해왔다.[20] 그러나 과거 국가와 시민사회 내에서 정치적 영향력을, 노동시장에서는 가족의 생계부양자의 지위에 기반한 경제적 자원을, 가족 내에서는 가부장으로서 권위를 독점할 수 있었던 구조적, 제도적 기반이 와해되면서 헤게모니적 남성성의 이상은 균열하고 있다.[21] 특히, IMF 외환위기를 전환점으로 전통적인 성별 분업구조에 기반한 남녀 역할 분담은 현실에서 사실상 실현되지 않고 있다. 또한 남성이 '생계부양자'라는 것은 사회적 동의를 획득한 이데올로기로 여전히 유효하지만 남성이 생계부양자로서의 권위와 지배를 실제로 실현하기 어려운 상황이 되었다는 점에서 지배적인 남성성의 변화에 주목하는 흐름도 있다. 새로운 남성성이 등장하였다는 주장이 그것이다.

헤게모니적 남성성의 변화를 보여주는 새로운 남성성의 예로 드는 것은 주로 TV 예능 프로그램인 〈아빠! 어디가?〉, 〈슈퍼맨이 돌아왔다〉, 〈살림하는 남자〉에 등장하는 자녀를 돌보고 살림에 능수능란한 남성들이다. 이 남성들은 "전통적으로 여성의 역할로 규정돼온 '육아'와 '가사'를 서사의 중심에 놓고 기존의 권위적이고 엄격한 아버지와 달리 탈권위적이고 감정 표현에 익숙한 아버지를 이상적으로 제시하였다"[22]는 것이다. 나아가서 "지배적, 통제적, 가부장적인 현재의 헤게모니적 남성성의 새로운 대항적 남성성의 가능성으로 '돌보는 남성성'"[23] 을 제안하기도 하였다.

오늘날 변화하는 남성성, 새로운 남성성이 부각하고 있는 것은 남성 헤게모니의 경제적 힘과 토대가 분열하고 있는 현실을 반영한다. 이런 현실이 남성성의 실질적 변화인지 단지 현상적 변화에 대한 이데올로기 조작인지 판단해야 한다. TV 예능프로그램을 통해 보여주고 있는 '살림하는 남성', '육아하는 남성'은 새로운 남성성의 제시라기보다 "남성이 이렇게 변했다", "남성도 함께한다. 남녀를 너무 대립적으로 보지 말자"는 이미지 조작, 포장이다. 돌봄은 예능이 아니고 가사노동은 이벤트가 아니다. 이와 같은 '연출'이 필요하다는 것은 한편으로는 남성 헤게모니가 '변한 것 같은 시늉'이라도 해야 하는 위기 상황이라는 것을 의미한다. 가부장주의의 핵심인 성별 분업구조와 생계부양자로서의 남성, 헤게모니적 남성성은 위기를 겪고 있고 남성의 헤게모니적 지배와 권위의 행사 방식은 변화하고 축소하였다는 것이다. 그렇지만 근본적 권력관계는 변하지 않았다. 남성 기득권은 '경미한 상처' 정도만 입었을 뿐이다.

가부장주의의 경제적, 정치적, 사회적 기초는 여전히 작동한다. 권력은 남성이 독점하고 있다. 외환위기 이후 20년간 남성 생계부양자 모델에 기반한 성별 분업이 사실상 해체된 상황에서도 남성성의 정치는 여전히 작동하고 있다.[24] 이전 세대에서부터 이어져 내려오는 생계부양자로서의 역할과 지위가 여전히 가장 일반적인 남성 유형이지만 이들이 생계부양자일 수 있는 물질적 기반은 이미 무너졌다.

이러한 현실의 변화는 노동조합에도 영향을 미친다. 남성 다수로 구성된 남초 사업장과 남성 노동자 중심으로 조직되어 있는 노동조합의 남성성은 전통적 의미의 '헤게모니적 남성성'이다. 남초 사업장의 남성 노동자도 1인 생계부양자로의 지속적 역할에 압박을 받고 있고* 사업장 내부도 남녀 성비의 변화, 세대의 변화를 겪고 있다. 남초 사업장의 '헤게모니적 남성성' 또한 한국 사회 남성이 겪고 있는 갈등과 마찬가지로 내외부적 변화와 성평등 요구에 직면해 있다. 그렇지만 남초 사업장 현장과 노동조합은 구조와 조직문화 등 모든 면에서 변함없이 남성 중심적이다. 이 한가운데에 여성 노동자가 있다.

헤게모니적 남성성, 지배적인 남성성이 변화하고 있으며 새로운 남성성이 등장하고 있다는 주장은 남초사업장 현실에 어느 정도로 적합하고 유의미한가. 과연 일터에서도 남성성은 변화하고 있는가. 균열하는 남성성은 노동조합과 여성활동가에게 어떤 영향을 미치고 있는가. 나는 남초 사업장 여성활동가가 실천하는 핵심 공간을 작업장-노동조합-가족, 세 곳으로 구분하였다. 그리고 각각의 공간에서 여성활동가들이 경험하는 성역할 규범의 갈등과 충돌을 분석하여 위 물음에 대한 답을 찾고자 하였다.

---

* 대규모 남초 사업장의 노동자도 한국 사회의 고물가, 주거비의 상승, 사교육비의 증가에 따른 경제적 부담을 느끼고 있으며, 임금피크제 등의 임금 삭감과 감원 위협 등 위태로운 노동조건에 놓여 있다.

작업장: 남성에 맞춘 노동, 여성이 대상인 차별

남초 사업장의 기본값은 남성이다. 사업장의 공간 배치, 주 업무와 보조 업무의 구분, 작업 도구 등 현장에 필요한 모든 것은 남성 노동자의 신체와 동선을 기준으로 만들어져 배치되고 구성된다. 심지어 사규에도 명시적으로 남성은 주요한 노동자이고 여성은 '보조적' 노동자로 규정하고 있다.* 남초 사업장에 진입한 여성 노동자는 매우 이질적인 존재, 남성 다수의 공간에 침입한 낯선 존재로 취급당했다. 여성 노동자는 낯선 공간에서 배제를 극복하고 스며들기 위해 짜맞춰져 있는 기준대로 자기 몸과 생체리듬, 사고와 판단을 재구성해야 했다. 그런데도 여성 노동자들은 노동시장에서 여성이 겪는 유리천장, 경력단절, 성차별을 공통적으로 경험하였다.

나와 여성 동료들은 입사 초기에 현장관리자들에게 "여자한테 여기보다 더 좋은 직장이 어디 있냐? 여자들이 이 직장 아니면 나가서 마트 캐셔밖에 더 하겠냐?"라는 말을 수시로 들었다. 당시에는 이 말이 여성 노동자를 폄하하고 분열시키고 편가르는 차별적 발언임을 제대로 알지 못했다. 우리는 자신들이 남성 노동자들과 똑같이 치열한 입사 관문을 통과하여 취업했

---

* J의 사업장 사규에는 기술 운전직군 노동자의 직급을 TD1~3급, TS2급으로 나누고 여성만 TS2급의 '단순·보조적 정형'에 배치하였다. 여성들은(여성들만) '검병 업무'를 하는데, 사규에서 '검병 업무'는 '단순·보조적 정형' 업무에 해당한다. J를 선두로 한 여성 노동자들의 투쟁으로 직급 차별 적용은 폐지되었고 2020년부터 여성 노동자도 남성과 동일하게 TD3급부터 시작하게 되었다.

는데도 차별받는 현실, 여성이라는 이유로 무시하는 태도에 놀라고 분노했다. "여기보다 더 좋은 직장이 없다"라는 말과 우리가 매일매일 경험하는 작업장 현실의 격차에 냉소했다. 여성 노동자들 또한 노동자 내부의 위계 구조와 차별적 대우를 당연한 것으로 내면화하고 있었기 때문에 우리보다 더 열악한 처지의 노동자와 동일하게 취급당하자 반발했다. 당사자인 여성 노동자가 겪는 일터의 현실과 관찰자인 남성 관리자가 인식하는 간극이 매우 크다는 사실에 충격을 받았다. 여성 노동자가 감수하던 작업장 조건은 시간을 다퉈 개선해야 하는 것이지 일하기에 적합한 좋은 수준이라고 인정할 만한 것이 전혀 아니었기 때문이다.

남초 사업장에서 여성 노동자가 노동자성을 인정받기 위해서는 남성과 다른 시간과 노력이 필요했다. 여성은 작업장에서조차 성별 분업구조에 따른 '가사노동'을 배분받았다. 남성 노동자들은 성별에 따른 업무 분담은 여성 노동자를 차별하는 것이 아니라 열악한 작업환경과 업무에서 여성을 '배려'하는 것이라고 주장했다. 여성 노동자는 남초 사업장에 '잘못' 들어온 존재, 들어오지 말았어야 하는 대상으로 여겨졌다. 이처럼 여성을 노동시장에서 남성과 동일한 노동을 수행하기에 부적합하다고 보는 관점이 '가족 내 성별분업 결정론'이다. 이 관점은 고용주인 기업과 여성 노동자의 관계(특히 기업의 여성인력에 대한 차별적 태도)를 설명할 때 주로 활용된다.[25]

작업장에 잘못 들어온 '아줌마'

여성 노동자들은 일하는 부문, 업종을 불문하고 성별화된 존재로 호명되었다. 다수의 사업장에서 여성을 미혼인 경우에는 "야" 또는 "어이"로, 기혼인 경우 "아줌마"로 불렀다. 이런 호칭 안에 여성의 노동자성에 대한 인정과 존중, 동료로서 포용하는 의미는 없다. 여성은 노동하는 존재이기 이전에 성적 존재로 인식되었다. 여성 노동자들은 작업장에서 무엇보다 먼저 노동자로 인정받기 위한 투쟁, 자신의 이름을 찾기 위한 투쟁을 벌여야 했다.

J   남성 조합원들한테는 "누구 기사님", "누구누구 씨", 이렇게 그런 식으로 했었는데 이상하게 여성들한테는, 그리고 또 누구지? 기혼자와 미혼자가 같이 있잖아요, 같이 있다 보니까 거기에서 또 아줌마가, 너무 자연스럽게 아줌마가 돼버렸더라고요.
(그러면 미혼자들은 그 당시에는 뭐라고?)
"누구누구야"라고 이름 불렀던 것 같아요. "야"는 미혼이고, "아줌마"는 기혼이고.

남성은 결혼 여부와 상관없이 "○○ 씨", "○○ 기사님"으로 이름과 하는 일을 표시하여 호명했지만 여성은 결혼 여부를 기준으로 다른 호칭으로 불렸고 호명 내용에는 아무런 직업적 내용이 포함되어 있지 않았다. 일터에서 남성과 다르게 여성을 차별적으로 호명하는 것은, 남성은 노동자 정체성이 우선하지만 여성은 일차적으로 남성과 다른 성적 존재로 구별되기 때문이다. 공사영역을 구분하고 여성을 사적 공간에 유폐시킨 것은 남성이다. 남성은 사적 공간을 떠나 공적 영역에 들어온 여성에게 지속적으로 그 장소를 누가 지배하는지, 규율과 법칙을 만드는 주체가 누구인지 환기시킨다.

나는 입사 초기에, 그 당시 경력직 관리자들(30대 중반 이상의 남성들)이 여성 직원을 "미스"라는 호칭으로 불렀다가 여성 노동자들이 반발하자 "○○○ 씨"로 바꿔 부르는 것을 경험했다. 내가 일하는 현장이 신생 조직이어서 일방적이고 획일적인 남성 문화가 공고해지기 전이었고, 적어도 절차적으로는 민주화가 정착되었다고 평가받는 90년대 중반의 시대적 영향을 받았을 것이다. 조직이 안정된 후에는 남녀 동일하게 "○○ 주임", "○○ 과장" 등 직급 체계에 따른 직위를 호칭으로 사용하였다. 나는 입사 후 6개월 만에 노동조합 간부를 맡게 되어 "○○○ 지부장"으로 불렸기 때문에 호칭과 관련한 직접적 마찰은 겪지 않았다.* 그렇지만 남성 직원이 기혼의 여성 직원을 "김 여사",

---

* 내가 현장에서 호칭과 관련하여 사측 관리자와 겪은 마찰은 여성 고정의 호칭으로 인한 것은 아니고 성격이 조금 달랐다. 작업장에서 현장 간부는 개인이 아닌 노동조합 간부로서 사측 관리자와 대등함을 일상적으로 강조했고 반대로 사측 관리자는 노동조합 간부가 아닌 직원 개인으로 응대하여 회사의 위계 속에서 통제하고자 했다. 노사 간의 일종의 힘겨루기인데, 여러 차례 충돌 이후 관리자들은 보통 노동조합 간부를 개별 직원이 아닌 노동조합의 현장 대표로 인정하여, 과장 등 회사의 직위에 의한 명칭이 아니라 지부장, 본부장 등의 노동조합 간부 직위로 호명하는 것으로 정리되었다.

"아줌마"라고 부르는 소리를 일상적으로 들었다. 그때마다 그렇게 부르지 말라고 요구했는데, 남성 직원들은 친밀감을 표현하는 것이라고 변명하였다. 여성 노동자들이 거부하고 불만을 표현해도 쉽게 고쳐지지 않았다.

F   이제 저도 처음에 (현장에) 딱 들어갔는데 그 팀장님이 "결혼했죠?", "네" 그러니까 "결혼했으면 무조건 아줌마지, 아줌마. 아줌마라고 부를게요" 이랬던 거죠.
     (그 양성공*인 남성들은 아저씨라고 불렀어요?)
     남성들한테는 그냥, "야". 남성은 "야", 여성은 "아줌마", 어이, 뭐. 성 부르잖아요, "어이, 김 씨" 이렇게.

보통 "건설 현장에서는 (현장) 가장자리에 서 있기만 해도 힘들다"고 말하지만 여성 노동자들은 자신들이 하는 일이 재미있고 자부심과 보람을 느낀다고 말하였다.** 그런데 정작 여성 노동자가 현장에 들어가서 받은 대우는 조롱과 혐오였다.

E   "네 남편, 얼마나 못나서 너를 여기다 보냈어?" 이러잖아요. 근데 돌아가면서 다 물어봐. 그리고는 또 "중국 어디서 왔냐?"

* 기능학교를 졸업하고 건설 현장에 처음 투입될 때 노동자의 위치가 '양성공'이다. 현장 근무 경력이 쌓이면서 양성공-기능공-반장-팀장으로 승진한다.
** 건설노동조합 '경기 중서부지부 성평등 교육 영상'(경기 중서부 건설지부·노동자뉴스제작단)에서 인용.

그래요. 젊은 한국 여성이 여기서 일하지 않을 거다라는 전제가 있는 거죠. "너는 중국에서 왔으니까 이런 일 하는 거 아니야, 그 나이에?" 이러잖아요. "나는 한국 사람인데" 그러니까 거짓말하지 말라고.

건설 현장 남성 노동자들의 이런 반응에는 남성은 여성을 부양해야 능력을 인정받을 수 있다는 생계부양자 논리, 일터에 나온 여성은 남편의 부양을 받지 못해서 일을 하는 것이라는 편견, 이주노동자도 아닌 내국인 여성이 건설 현장에서 일하지는 않을 거라는 선입견이 포함되어 있다. 동시에 건설 현장은 거칠고 힘든 일을 감수할 수밖에 없는 극단적인 상황에서나 선택할 것이라는 건설 노동에 대한 폄하가 복합적으로 작동하고 있음을 알 수 있다.

여성은 집으로, 남성은 승진을

1985년, 교통사고로 업무능력을 상실한 여성 노동자가 손해배상금을 청구하는 소송을 제기하였다. 그러자 법원은 "우리나라 여성들의 평균 결혼 연령인 26세부터는 가사노동에 종사하는 것으로 보아야 한다. 따라서 여성 회사원으로 수입을 인정할 수 있는 것은 25세까지이며, 26세부터 55세까지는 가사노동자인 주부로 규정한다"(서울민사지법 합의 15부,

1985.04.20.)*고 판결하였다. 이 판결은 당대에도 상당한 사회적 비난과 지탄을 받았다. 당시 여성운동 단체들은 "이러한 논리는 '남자는 일, 여자는 가정'이라는 분업의 형태를 취하는데, 그러므로 여성에게는 임금을 적게 줘도 되며 임시고용직으로 부리다가, 나아가 직장은 다녀도 되고 안 다녀도 되는 것이므로 해고해도 그만이라는 사고방식을 기업주로 하여금 가지게 된다"고 비판하였다.[26]

1980년대에 여성 노동자는 결혼과 함께 퇴직하는 것이 당연시되었다. 남녀의 다른 정년(여성 조기 정년제**), 임신과 출산

* 1983년 4월, 당시 24살이던 미혼의 이경숙 씨는 교통사고를 당하여 회사마저 관두게 됐다. 이경숙 씨는 사고 가해자를 상대로 손해배상청구소송을 냈고, 당시 법정 퇴직연령인 55세를 기준으로, 3,600여만 원을 배상해달라고 요청했다. 1심 재판부는 손해배상액으로 850여만 원을 인정했다. 이경숙 씨가 요구한 금액의 약 1/4에 불과했다. 재판부는 여성의 정년을 25세로 인정했다. 특별한 사정이 없는 한 여성은 평균 26세에 결혼을 하고 퇴직 후 가사노동에 종사한다고 본 것이다. 기혼 여성 근로자가 증가하고 있다는 시대적 상황을 고려하더라도 미혼 여성 근로자가 퇴직연령인 55세까지 직장에 근무한다고 보기는 어렵다는 게 재판부의 판단이었다. 이에 따라 재판부는 25세까지만 수입을 인정하고, 26세부터 55세까지는 일반 도시 성인 여성의 평균임금인 일 4,000원으로 책정해 이같이 판결했다. 여성평우회를 포함한 6개 여성단체가 모여 '25세 여성조기정년제 철폐를 위한 여성연합회'를 구성해 이경숙 씨 사건의 문제점을 세상에 알리고 공론화했다. 1심과 달리 2심 재판부는 여성의 정년을 25세가 아닌 당시 법으로 규정된 55세로 인정했다. 다만 사고 당시 월급을 기준으로 월급 인상과 상여금 등은 인정되지 않고 사고에 따른 노동 상실만 인정해 945여만 원을 지급하라고 판결했다. 실질적인 피해보상에 대한 아쉬움은 있으나, 조기 정년 철폐라는 유의미한 성과는 분명하게 이뤘다.(전소영, "[투쟁으로 쓴 여성노동史③] 결혼해서도, 나이 들어서도 우리는 일하고 싶었다", 〈투데이신문〉, 2021.06.24.)

** 기업에서 여성근로자 일반에 대하여 또는 특정 직종의 여성근로자에 대하여 남성 근로자와 비교하여 낮은 정년 연령을 정하고 그 연령에 달하였을 때는 무조건 퇴직시키거나 해고하는 차별적 제도"를 말한다.(여성평우회, 「조기정년제

을 이유로 하는 여성 노동자 퇴직 강요 등 여성 노동자에게 차별적으로 적용되었던 고용 관행은 여성들의 투쟁 끝에 1987년 남녀고용평등법이 제정되면서 형식적으로는 폐지되었다. 그렇다고 남녀고용평등법 제정 30년의 성과를 "이 법에 의해 모집·채용에서 해고에 이르는 고용상의 전 과정에서 발생하는 성차별은 금지되었고 노동시장의 성 불평등을 완화하기 위한 국가의 적극적 개입조치인 '적극적 고용개선조치'가 도입되었다. 또한 큰 변화와 발전이 있었던 것이 모성보호와 일·가정 양립 지원이다"[27]라고 평가하는 것은 지나치다. 법적 차별 철폐는 지난 30년 이래 현실 속의 여성 차별 중단으로 이어지지 않았다. 남녀의 성평등 현실을 가늠해볼 수 있는 여성의 경제활동 참여율, 남녀 임금격차, 남녀 가사노동 분담율 등 OECD 각종 통계 지표에서 한국은 최하위를 면하지 못하고 있다. 그 이유는 성차별적 제도를 없앤다고 해서 성차별적 구조가 없어지는 것은 아니기 때문이다.

여성에게만 차별적으로 적용한 결혼퇴직제가 대체 어느 시절 이야기인지, 오늘날에도 이와 같은 여성 차별적 관행이 존재하는지 믿을 수 없지만 현실은 종종 과거의 악습을 상기시킨다. 지난 2016년에는 주류업체 (주)금복주가 "창사 이래 60

의 이론적 조명」, 『여성평우』 제2호, 1984, 20-31) 1983년 전화교환원 김영희의 '정년차별철폐 소송', 1985년 이경숙의 25세 퇴직으로 인한 손해배상청구 소송을 6개 여성단체가 '25세 여성조기정년제 철폐를 위한 여성연합회'(여조연)를 구성하여 함께 투쟁했다.

년 동안 예외 없이 결혼하는 여직원을 퇴사시켜"*왔음이 드러나기도 했다. 내가 만난 여성활동가들이 입사하던 1990년대 중반, 작업장에는 관행적으로 여성 노동자들이 "결혼하면 퇴사하는" 불문율이 존재했다. 회사가 강제적으로 퇴직시키기보다는 여성 노동자 자신도 결혼했으니 퇴사하는 게 당연하다는 분위기가 존재했다.

H   현대정공으로 그때 당시 97년도에 입사를 했던 동기가 한 26명에서 27명, 제 기억으로는 그 정도 동기가 됩니다. **사무실에 있는 여직원들은 결혼을 하면은 바로 퇴사를 해야 되는 불문율**이 좀 있었어요. 그래서 아마 그때 당시에 이제 1년 차에 좀 일찍 결혼한 친구들은 결혼하면서 바로 퇴사를 했고 그리고 결혼을 하면 나가야 된다는 분위기 때문에… 현대차로 합병돼서 지금까지 있는 동기들 하면 대략 한 12명, 13명 정도.

여성 노동자가 결혼하면 퇴사하는 관행과 승진에서 배제하는 시스템을 H는 '돌파'하기로 마음먹었다. 사무직에서 생산직으로의 전직을 선택한 것이다. H가 생산직으로 전직하기로 한 결정이 '돌파'인 것은, 당시 H는 생산직에 "억세고 거칠고 막말도 서슴없이 하고 기술직 하면 막말로 노가다하는 사람들의 집단이라는 편견"이 있어서 "석 달 고민, 진짜 잠도 안 오고,

---

* "'금복주, 결혼 여직원 모두 강제 퇴사'…창사이래 60년간 관행", 〈경향신문〉, 2016.08.24.

정년까지 일하려고 내려갔다가 적응 못 하고 더 일찍 나가는 거 아닌가 이런 두려움 때문에 석 달을 고민" 끝에 내린 결심이었기 때문이다.

H   내가 그런 사람들이랑 동일선상에 있는 상황에서 밖에 나가서 "직장이 어디세요?"라고 물었을 때 "현대자동차 현장에서 일하고 있습니다"라고 얘기하면 "아아~" 이렇게 되는 거고, "사무실에서 일하고 있습니다" 그러면 "오~" 이런 차이를 제가 느끼니까 (현장에 내려가서) 한 몇 개월 동안은 현장에 있다고 얘기하기가 스스로 꺼려지더라고요. 근데 지금은 편견 없이 스스럼없이 "현장에서 일한다"라고 얘기하고 있고… '회사에서 잘릴 것 같다' 아니면 '내가 스스로 그만둬야 되겠다'라는 그런 고민은 이제 아예 없어진 것 같아서 마음도 편하고 2차(전직) 때부터는 (여성 동료들에게) "현장에 내려와라"라고 추천할 정도로 저는 되게 만족하거든요.

식음료 가공업체의 생산직 노동자인 J의 경우도 성별에 따른 차등 진급과 임금차별을 겪었다.

J   남성 직급은 C에서부터 C, D, E, F, G 이렇게 해서 쭉 몇 단계, 한 일곱 단계까지도 있는 상황이고 여자는 아무리 오래 다녀도 A, B 딱 두 단계밖에 안 됐었어요.
(그럼 남성하고 여성이 다른 절차를 밟아서 채용이 되나요?)

그렇게 별다르게 하지는 않았던 것 같아요… 남성들이 전기과나 공무과나 아니면 냉동실 쪽이나 그쪽 주변은 기술이 필요하고, 그러니까 뭐지 자격증이 필요한 부서는 그걸 다 해요. 근데 일반 생산라인에 있는 남성들은 그냥 고졸, 딱 그거 이상 다른 게 없었던 것 같아요.

(그럼 그게 임금으로도?)

다 달랐어요. 그러니까 여자는 A직급이면 남자는 C직급부터 시작을 하는 거예요. 말하자면 남성 C직급, 지금 계산을 해보면 **여성이 5년 이상 다녀야 (임금이) 남자 C직급이 되더라고요.**

J가 속한 작업장은 남녀 진급과 임금 차이뿐만 아니라 화장실 가는 조건, 휴게 시간 등 모든 것을 남녀 노동자에게 차별하여 적용하였다.

J   그러니까 남성들은 이제 오피*라고 해서 기계를 많이 보고 있었고요. 여성들은 말 그대로 이제 검병**을 하고 있었는데, 일이 다르다 하더라도 조건은 비슷해야 하는 거잖아요. 그러니까 예를 들어서 쉬는 시간이 남성한테는 있고 여성한테는 없고, 그리고 또 교대자가 남성한테는 있고 여성한테는 없어서,

---

* 오퍼레이터(operator), 기기의 운전자를 뜻한다.

** 음료가 들어가는 병의 청결 상태, 외형의 변형 등 병을 검사하는 작업 공정을 말한다.

화장실을 가야 되는데 화장실 가는 것도 여자들은 왜 마음대로 못 가냐 교대자가 왜 없냐… 나중에 화장실 갔다 와서 만약 불량이 생기거나 뭔가 일이 사고가 나면 그 책임을 져야 되는 일은 또 오롯이 우리가 져야 되는 상황이고….

사무직의 여성 노동자도 생산직 노동자인 J와 마찬가지로 승진 차별을 경험하였다. 대졸 사무직 여성인 I는 "사회에서 들어온 틀이 그대로" 본인에게 이식되어 "'제조업의 꽃인 자동차에 가야지' 그렇게 해서 오게 된 거고, 굉장히 성공에 대한 그런 게 (욕구가) 있었기 때문에 일종의 명예 남성을 추구"했음에도 "여자라는 사실 때문에 자꾸 부딪히는 일들이 생겼다." 그 대표적 사례로 진급 차별 경험을 들었다. "그 당시에는 고과를 여직원들 돌리면서 C를 깔았는데"* 사무실에서 유일한 대졸자였던 I에게는 C 평정을 주지 못하였다. 그렇지만 이어진 진급에서 I가 제외되었고, 이에 항의하자 관리자가 "1년 동안 (I가) 했던 퍼포먼스를 브리핑해 달라"라고 요구했다. I는 요구대로 자신이 한 업무를 정리해서 관리자에게 제출했다. 그렇지만 "그거는 그냥 어떤 일종의 쇼잉이었고 그 데이터가 책상에 올라갔는데 (회사에서는) 아무것도 안 한 걸 알았다." I는 그때 처음으로 회사에 들어와서 모멸감을 느꼈다고 말하였다.

내가 일하는 사업장은 공기업이다. 형식상 임금표와 직급

---

* 여직원들은 A~C등급 중 최하등급인 C등급을 돌아가면서 받았다. 남성들은 늘 고평가를 차지하고, 여성들은 최하등급을 받은 것이다.

체계는 남녀 노동자에게 차등 적용되지 않는다. 그렇다면 나의 일터에는 임금차별이 없다고 할 수 있을까? 같은 현장의 여성 노동자에게서 "우리 회사처럼 남녀 차별 없는 직장이 어디 있어"라는 말을 들은 게 한두 번이 아니다. 그러나 동일한 채용 절차를 거친 후 근무지에 배치되어 동일한 기본급표를 적용받아도 남녀 동기 사이에 임금 수령액 차이가 발생하는 몇 가지 조건이 존재한다. 첫째, 기본급표의 호봉이 다르다. 대부분의 여성 노동자는 1호봉에서 출발하고, 군필의 남성 동기는 3호봉에서 출발한다. 둘째, 진급에 의한 급여 차이가 발생한다. 내가 입사할 당시는 9직급 체계(9급~1급)였고 6급까지는 근속연수를 채우면 자동승진*하였다. 5급 이상의 직급은 고과에 따라 승진하는데, 여성 노동자는 대부분 동일 직급 남성 대비 하

* 자동승진제도는 인사고과 점수에 따른 승진이 아니라 진급에 필요한 근속연수가 경과하면 상위 직급으로 승진하는 제도를 말한다. 현재, 서울교통공사 직급 체계는 7급~1급의 7직급 체계이다. 각 직급별 승진 소요연수가 있으며 18년 근속을 하면 4급으로 자동승진한다. '4급까지의 자동승진제도'는 2017년에 노사합의하였다.
진급은 임금과 연동된다. 정부의 '총액임금가이드라인' 정책에 의해 공기업 임금은 물가와 연동되지 못하고 누적적으로 하향화되었다. 구조적 저임금을 만회할 수 있는 최소한의 방법이 승진이다. 노동자들은 개별적으로 승진에 '목숨을 거는' 상황이 되면서 노동조합을 중심으로 한 단결은 공허해졌고, 남녀 승진 차별로 인한 갈등도 증폭되었다. 고과와 관계없이 근속연수만 채우면 승진한다는 것은 노동자 내부의 갈등을 해소하고 경쟁을 완화할 수 있다는 측면에서 환영받았다. 여성도 남성과 동일하게 근속연수에 의해 승진하는 것이므로 여성의 승진 적체 현상도 해소할 것으로 기대되었다. 그러나 공사는 노동자의 근로 의욕 상실을 이유로 개별 '승진 포인트'를 만들어 경쟁을 유지하고자 했고, 청년 세대 일부에서 자동승진의 불합리함과 불공평함을 제기하였다. 2022년 공사는 단체협상에서 '자동승진제 폐지'를 요구하고 있다. 하위 직급의 경우 포인트 승진 인원이 자동승진 인원을 초월한 상태이다.

위 평점을 받는 경우가 많았고 남성 동기 대비 가장 늦게 진급하였다. 여성 노동자의 진급 지체는 "야간 교대근무를 하지 않는다는 것"* 과 "그래도 남성이 가장인데"라고 하는 성별 이데올로기 작동의 결과였다.

당시 '여성 노동자들은 나인 투 식스의 근무형태를 교묘하게 비튼 형태인 2조 1교대의 교대근무**를 했고', 남녀 다른 근무형태***에 따라 임금 차이가 발생했다. 남성 노동자들은 야

---

* 나의 현장에서는 오랫동안 '남녀 상이한 근무형태'로 인해 심각한 남녀 갈등을 겪었다. 자동화를 이유로 최소 인력으로 설계되어 만성적인 인력 부족에 시달렸고, 특히 근무형태의 순환 주기 변경과 근무조 인원 확대에는 필연적으로 추가적 인력이 필요한데, 인력 확대는 현실화시키기 가장 어려운 문제였다. 남성 노동자들은 "야간 교대근무를 하지 않는 여성 노동자가 교대근무를 해야 인력문제가 해결된다"라고 공격하고, 여성 노동자들은 "자녀 양육문제 때문에 교대근무를 할 수 없다"라고 저항했다. 교대근무가 필요한 사업장에서 교대하지 않는 인력은 비핵심 인력, 보조 인력이고 교대근무가 통상근무보다 노동강도가 강하고 건강에 악영향을 미치는 등 남성 노동자가 상대적으로 불이익한 환경에서 근무하기 때문에 남성이 평가에서 '수'를 받고 먼저 승진하는 것은 당연하다는 분위기가 강했다. 실제, 남성 노동자들이 동기인 여성보다 먼저 승진했다. 여성의 경우, 동기에게 밀리는 것뿐만 아니라 몇 기수 아래 후배에게도 밀려 승진에서 배제되는 일이 드물지 않았다. 장기 근속 여성 노동자의 승진 적체 문제는 4급까지의 자동승진제가 도입되면서 완화되었다.

** 사업장 인력현황에 따라 오전 7:30 출근, 8:00 출근 등 여성 노동자의 근무형태는 남성 교대근무의 공백을 메우기 위한 보조적인 형태로 수차례 변동 하였다.

*** 저자가 속한 사업장은 본사가 아닌 현업 부서의 경우 근무형태가 남성은 교대근무, 여성은 변형일근으로 나누어져 있었다. 당시 업무의 97%를 자동화했기 때문에 3%의 인력만 필요하다는 것이 서울시의 주장이었고, 그에 따라 최소 인력만 고용하였다. 지하철 업무 특성(05:30 첫차 출발~24:00 막차 종료)에 의해 필요한 교대인력은 100% 남성으로 충당되었고, 여성인력은 주로 낮시간을 중심으로 배치하였다(07:30~22:00의 시간 동안 2개조가 교대). 야간근무 수당은 야간 10시 이후 근무하는 노동자에게 지급하는 수당이다(근로기준법 56조 2항의 ③). 때문에, 심야근무수당은 야간 22시 이후에도 근무하는 남성

간근무를 함으로써 법정 수당인 심야근무수당이 발생하여 임금 수령액이 여성 노동자보다 많았다. 그런데 교대근무로 인한 임금 보전 외 남성 우선 진급에는 합리적 이유가 존재하지 않았다. 노동자들이 진급에 '목을 매는' 이유는 직급별 임금체계가 달라서 진급을 해야 임금이 상승했기 때문이다. 공공부문 임금은 '총액임금제'에 묶여 사실상 장기간 임금의 하향화 곡선을 그렸다. 해마다 올라가는 호봉 간 차이는 미미했던 반면에 직급 간 임금 격차는 상대적으로 컸다. 노동자 내부의 경쟁을 격화시키고 노동자를 순화시키기 위해서 의도된 임금 체계이다. 때문에 임금 상승 효과를 보기 위해서는 진급 외 다른 방법이 없었다. 남성이 생계부양자이므로 여성보다 더 많은 임금을 지급받아야 하고, 그러기 위해서는 여성보다 먼저 승진해야 한다는 논리가 당연시되었다.

이 논리의 연장선에서 IMF 경제 위기 상황에서 구조조정 압박을 받자 정리해고 순위가 공공연하게 언급되었는데, 1순위는 '사내 부부'였다. 동일 사업장에서 근무하는 사내 부부의 처지는 외벌이 노동자와 비교하면 "먹고살 만한 조건"인 것으로 전제되었다. 동일한 이유로 1999년 1월 농업협동조합중앙회(농협)는 '사내 부부'를 구조조정 1순위로 지목하여 해고했다. 여성 노동자들이 소송을 제기했지만 대법원에서 최종 패소했다. 조순경은 농협이 "여성을 집중적으로 해고할 의도를 가

노동자에게만 해당되었다. 현재의 근무형태는 당시와 다르다.

지고 그러한 목적을 충족시킬 방안으로 사내 부부만을 경제적 생활 안정자로 규정, 명예 퇴직 및 순환 명령 휴직 대상자로 선정한 것은 합법을 가장한 위법으로 명백하게 의도적 성차별"이라고 비판하였다.[28]

철도의 여성 노동자들은 어떤 조건에서 일하고 있는가. 차량 정비는 열차를 다루는 일이다. 열차를 정비하는 데 필요한 작업 공구는 무겁다. 여성들은 현장에 들어오기 전에 육체적 힘을 필요로 하는 일을 해본 경험이 적다 보니 중량물을 다루는 데 익숙하지 않다. 여성 노동자들은 작업 과정에 적응하는 데 어려움을 겪고 있고, 남성 노동자들은 전통적 남성의 노동 영역에 여성들이 들어오는 것이 달갑지 않다.

A   저희는 무궁화호 객차의 열차를 떼었다 붙였다 하고, 기관차를 또 연결하고, 객차로 이제 전기를 공급하는 거를 다 연결을 해요. 공기 호스도 연결하고 일단 이게 너무 힘든 거예요. 그래서 힘이, 그런 근력이 처음에는 없어서 정말 힘들었어요… 지금도 힘에 부치는 거는 남성 동지들한테 의존할 수밖에 없고 그런 게 제일 좀 자존심 상하고… 작업 내용에 있어서 전기적이거나 어떤 회로적 이런 부분들은 공부를 통해서 해결할 수 있지만 사실 물리적인 거는 그게 해결이 안 되니까….

A가 일하고 있는 현장은 철도 사업장 안에서도 "노동조합이 센 곳"이어서 여성 노동자의 요구 수렴, 신입 여성 직원의

적응을 위한 분위기 조성, 업무의 분담 등이 능동적이고 자발적으로 이루어지는 곳이다. 그렇지만 남성 노동자들이 여성 노동자를 늘 반기는 것은 아니다.

A "일손 안 되는 친구가 온다"라는 표현을 쓰면서 여성이 오는 거에 대해서 좀 노골적인 불만을 드러내는 사람도 있는데, 그런 사람들이 노동조합 간부들에게 대놓고 그렇게 크게 떠들 수 있는 분위기는 아니니까….

철도, 건설, 자동차 등 남초 사업장 현장은 거대한 작업 대상, 무거운 작업 도구, 물리적 힘을 요구하는 작업 과정으로 구성되어 있다. 여성 노동자들이 진입을 시작했지만 남성 노동자들은 함께 일하기를 꺼리고 여성 노동자들은 개인적 노력만으로는 돌파할 수 없는 한계로 인해 어려움을 겪고 있다. 그런데 남초 사업장의 작업환경은 여성 노동자뿐만 아니라 '표준' 범주에 들어가지 않는 남성 노동자에게도 마찬가지로 고된 조건이다. A는 "들어오는 사람들이 일을 할 수 있게 해줘야 하는 거지 다른 방법이 있는 것은 아니다"라며 "일을 할 수 있게" 직종별 특성에 맞춘 공구의 경량화, 여성에게 맞는 안전화, 작업복, 안전모 지급 요구 등 여성 노동자가 일할 수 있는 조건, 동시에 남성 노동자의 노동강도를 완화할 수 있는 방법을 요구하고 있다고 말하였다. "앞으로 여성을 안 쓸 수 없는 거고 사용자들이 선선히 나서서 (개량)할 일은 없을 거기 때문에" 공구 개량 싸움을 특히 노동조합의 전기, 차량, 시설 분야에서 굉장히 많이 했다고 한다. "여성 노동자에게 좋은 것은 남성 노동자에게도 좋다"라며 작업 도구의 개선, 업무환경의 개량이 여성 노동자만을 위한 것이 아니라 작업장 전반의 환경 향상으로 이어질 것이라고 확신했다.

A   선로 유지 보수하는 데 있잖아요… 기계화되기도 했지만, 곡괭이질 하고 여전히 흙 고르고 이거 세 명이 줄 잡고 고르고 하는 일도 똑같이 하거든요. 근데 여성들이 막 들어온 거예요… 너무 그거는 좀 위험하니까 일을 아예 안 시키는 거죠. 아예 옆에도 못 오게 하고 그냥 열차 감시 같은 것만 시키고. 근데, 이 친구들은 이제 어쨌든 되게 하려고 해요. 근데, 하려고 해서 한 애들이 다 병에 걸리는 거야, 너무 안 쓰던 힘을 쓰니까. 다 막 병원 다니고 그러면서도 이제 지금까지 버티고는 있는데, 사실 이게 물리적으로 그건 너무 무리한 일이고… 선로 순회를 하면서 어떤 작업 개소에 가서 일을 하잖아요. 그러면은 단전*을 하고 일을 하니까 보통 시간이 (새벽) 2시에서 4시 사이 이 시간에 가서 일을 하는데, 그 시간에 가서 일을 할 때 화장실도 아예 없고, 남성 동지들은 그냥 이렇게 눈 질끈 감고 하는데 여성 동지들이 생리할 때라든지 이럴 때 정말 미쳐버리는 거죠. 그리고 끝나고 나면 어디 가서 씻고 퇴근하는

* 철도의 모든 운행을 마친 심야에 작업을 시작하기 위해 전기 공급을 끊는 것을 말한다.

것도 되게 만만치 않고. 이런 고충들이 되게 많아, 실제로 지금도 존재하고. 근데, 꿋꿋하게 이 친구들이, 현장에서 버티는 친구들이 꽤 많이 있어요.

E는 건설 현장에서 일하고 있다. E는 건설 현장의 여성 노동자들이 체감하고 있는 '건설 현장 5계급'을 소개했다.

E 우리 여성 조합원 중에 한 분이 이제 그런 얘기를 하더라고요. "우리 현장에 한 다섯 개 계급이 있어. 여성이 마지막이야." 그게 뭐냐면 **정주 한국 남성이 1번, 그다음에 중국 남성, 그다음에 또 중국에 기능공 이런 직책이 있는 사람, 그다음에 또 우리 북한에서 온 탈북민들도 있어 탈북민. 그 현장에 다 있었다는 거에요. 근데 그렇게 하는데 자기가 한 다섯 번째, 마지막이더라는 거예요.**
(좀 의외네요. 정주하는 한국 남성이 1위인 건 그럴 거 같은데 정주하는 한국 여성이 다섯 번째라니….)
우리 지부가 이주노동자들도 용인했기 때문에 여성도 (진입이) 가능하다라는 판단이 들었거든요. 현장 자체가, 남성 중심이에요. **가부장이 국적을 가리지는 않잖아요.** 가부장은 국적을 안 가려요.

E는 건설 현장에 (중년의) 여성이 진입할 수 있었던 것은 외국인 남성 이주노동자도 이미 수용한 다음이었기 때문이었

다고 설명하였다. 정주민 남성 노동자는 이주노동자를 현장에 받아들일 것인지 말 것인지를 결정하는 '권력'을 가진 존재였다. 남성 노동자의 권력은 이주노동자 진입 허용에 이은 여성 노동자의 건설 현장 진입에서도 막강함과 일방성을 보여주었다. 이 권력은 노동자의 현장 진입 이후에도 영향력을 행사한다. 양성공에서 기능공으로 승진하는 경우 이를 결정하는 팀장, 반장의 의견이 결정적이다. 그런데 팀장과 반장은 대부분 남성이다. 결과적으로 여성 양성공의 기능공으로의 승진은 남성 상급자들만의 결정에 좌우된다. 건설 현장에서 정주민 여성 노동자와 이주 남성 노동자는 남성 노동자의 '선택' 여부에 의해 진입이 결정되는 경쟁자의 위치에 놓여 있는 한편으로, 이주 남성 노동자는 정주민 남성 노동자와 공모하여 여성 노동자를 배제하는 것이 가능하다. 권력의 구조가 그렇게 만들어져 있다.

남성의 영역에 진입한 절대적 소수자인 여성이 자기 존재를 인정받고 동료로 승인받기 위해서는 기존의 남성적 질서와 행위를 자신이 능숙하게 수행할 수 있음을 증명해야 한다. 이때 여성은 여성성을 탈각하고 명예 남성화한다. B는 남성성을 모방함으로써 남성 집단의 우려를 불식시키고 기대를 충족시켰다. 전기 분야에서 일하는 B는 "남성 조직에서 여성이 들어오는 걸 대단히 생경하게 바라봤기 때문에 관계를 좋게 만들어가는 게 우선"이라고 판단했고, "여성인 나는 남성인 당신들과 다르지 않다, 남성과 똑같은 조건에서 일할 수 있다"는 것을 증명하기 위해 노력했다.

B   그때 24시간 맞교대가 기본이었고 여자라고 일근을 시킨 거
죠. 저는 "교대를 시켜달라"라고 또 막 우겼죠. 그래서 교대를
했고, 그 당시에는 전기 쪽이 주재*가 역마다 있었는데 그 주
재역**에 혼자 근무했거든요. 24시간 맞교대에서 혼자 남자하
고 같이 맞교대를 해요.

(침실 문제는 어떻게 한 거예요? 여직원 침실이 없었을 거 아
니에요?)

같이 쓰는 걸로. "그렇게 해도 너는 현장 들어가서 교대할 거
냐?" 그래서 "나는 상관없다, 나는 같이 써도 되고 같이 자도
되고 나는 상관없으니까 일단은 무조건 현장 교대로 집어넣어
주세요" 그렇게 했죠. 야간작업할 때 공동으로 같이 자고 한방
에서… 그때는 **'이 현장에서 버텨야 된다'**고 생각을 했고, **'현
장에 사람들하고 녹아들고 친해지려면 그 시스템에 그냥 들어
가야 된다'**는 생각을 했어요. 또 여성들이 현장 근무하거나 교
대에 들어가는 사례가 **전국적으로 한 군데도 없었기 때문에,
어쨌든 그런 식이라도 들어가야 된다,** 그리고 더 '내가 뭔가
여성이라는 것을 또 여성을 배려하는 그런 것을 요구하면 안
된다'라는 생각을 했거든요. 그러면 또 "여자니까" 이런 소리
가 나올 것 같아서 더 했죠… 담배도 그래서 일찍 오픈했습니

* 업무를 위하여 파견되어 특정 장소에 위치함을 뜻한다.

** 특정 업무를 위하여 파견 나와 있는 사무실이 위치한 역을 뜻한다. (예: ○○
역 전기주재역)

다. 그래서 현장에서도 일부러 담배 피우는 모습 많이 보여줬고 **"난 당신들하고 다른 사람이 아니야"** 이런 것들을 좀 많이 드러냈죠.

'밥하는' 여성 노동자

일터에서 밥 짓기가 주요 업무인 노동자들이 있다. 조리 분야의 노동자가 아님에도 전출입 때 '밥 짓기' 업무를 인수인계받는다. 2022년에 새마을금고에서 여성 노동자에게 '밥 짓기', '남직원 화장실 수건 빨래'를 지시한 직장 내 괴롭힘 사건이 폭로되어 고용노동부의 특별근로 감독을 받았다. 현장 특성에 따라서는 직접 일터에서 밥을 해 먹어야 하는 환경도 존재한다. 작업장에 구내식당이 없거나 작업장에서 밥을 먹을 수 있는 공간에 접근하기 어려운 경우 노동자들이 직접 취사해야 하는데 그 역할을 누가 맡는가 하는 문제가 발생한다. 새마을금고의 경우는 직장 안에서 밥을 할 수밖에 없는 불가피한 상황도 아니었다. 밥하고 빨래하는 것은 여성의 일이라는 성역할 고정관념에 의해 고착된 업무 지시였다. 작업장과 가정을 분리하고 가정을 노동력 재생산을 위한 사적 공간으로 상정하여 여성에게 음식 준비와 조리를 전담시켜온 전형적인 성역할 강제 행위가 공적 공간인 작업장에서 고스란히 재현되었다. 공간을 공적·사적 영역으로 나누고 공간에 따른 성별 역할을 강제적으로 분업화한 것은 남성이다. 그럼에도 불구하고 남성은 여성이 있는 모든 공간을 사적 공간으로 취급한다. 그래서 여성 노동자는 딸 같은 존재이고 아줌마라고 불린다. 직장에서 밥하고 청소하는 것은 당연히 여성이 할 일이다. 이와 같은 직장 내 일방적 성역할 부여, 성별 고정관념 강화 행위는 여러 곳에서 찾아볼 수 있다.

B   지역에 있는 시설 여성 조합원이 선로 작업이나 이런 것 때문에 남자들이 다 나가고 나면 여성 조합원이 혼자 남아 있었던 거죠. 근데 거기가 이제 지역이니까 밥을 해 먹는 경우들이 많거든요. 밥하거나 빨래를 하라고 이제 시킨 거지. "내가 이러려고 여기 들어왔냐"라는 것이 블라인드*에 올라온 거죠. 그것이 이제 대박 터진 거죠.

나는 B에게 "남성 노동자들은 혹시 자신들이 여성을 배려한다고 생각하지는 않았는지, 사무실에서 멀리 떨어져 있는 작업장에 나가서 힘들게 일하는 것보다 사무실에서 밥을 해놓는 게 더 편한 일이니 여성인 네가 해놓으라는 주문 아니었는지"를 물었다. B는 앞서 말한 사건에 관해 현장 남성 노동자들은 "여성 노동자를 배려한 것이고, 형평성 있는 업무 분담이었다"라고 주장했다고 하였다. 만약, 여성이 그 사업소에 없었다면

* 주식회사 팀블라인드에서 만든 직장인을 위한 익명게시판이자 익명 커뮤니티 애플리케이션이다. 블라인드 앱을 깔고 회사 이메일로 재직 중임을 인증받고 회원가입을 한 후 재직 회사의 익명 게시판 등을 이용할 수 있다. '대한항공 땅콩 회항' 사건도 블라인드 앱을 통해서 폭로되었다.

"막내인 남성 노동자가 밥, 빨래, 청소를 담당했을 거"라는 말을 덧붙였다. 작업장의 위계 구조를 보여주는 단면이다. 여성 노동자는 성별을 기준으로 차별받고 남성 내부는 연령을 기준으로 다시 위계화되어 여성과 청년 노동자에게 밥 당번, 작업장의 재생산 노동을 전가하고 있었다.

특히, 시설 업무는 사용하는 장비가 무거워 평균적인 여성의 체력으로 감당하기 어렵다. 남성이 들고 다루기에도 힘든 장비들이다. 게다가 시설 분야 작업장인 선로는 거점 센터에서 떨어져 있고 분산되어 있다. 2016년 이후부터 이 분야에 여성 노동자가 증가했다. 여성 노동자를 거점 센터 스태프로 배치하는 것뿐만 아니라 직접 현장에도 배치했고, 여성 노동자들은 현장에서 주로 열차 감시 업무를 하고 있다. 그러다 보니 남성 노동자는 힘든 업무를 자신이 더 하고 있는데도 가벼운 업무에 자리가 나면 여성을 먼저 그 자리에 발령 내는 것은 역차별이라고 주장하고 있다.

남초 사업장의 시설, 작업의 대상, 작업 과정, 작업 동선, 안전모·안전화 등 안전 장비, 작업 도구, 화장실, 휴게실 등 모든 것은 남성 노동자를 기준으로 만들어졌다. 이처럼 남성에 기초한 현실 조건들은 남초 사업장에 진입하는 여성 노동자가 감수해야 하는 조건에 그치지 않는다. 여성 노동자를 거부하기 위한 구체적 근거로 제시되기도 하였다.* 남초 사업장에서 여

* 불법파견임을 다투는 소송에서 비정규직 노동자가 승소하여 정규직으로 전환되었음에도 정규직 남성 노동자들은 "준비가 되지 않았다"라는 이유로 비정

성 노동자는 동등한 동료 노동자로 인정받기보다 지속해서 '여성'으로 호명당하고 여성의 성역할을 강요받았다. 남성의 공간에 '침입한' 것으로 배제당하고 거부당해온 여성은 동료로 인정받기 위하여, 남성과 같아지기 위하여 최대한 남성을 모방하였다. 그렇지만 여성은 단순히 작은 남성이 아니다.[29] 캐런 매싱(2022)은 작업장에서 '제2의 신체' 취급당하는 여성의 신체 사용과 작업장의 기준이 되는 남성의 신체 사용은 다를 수 있음을 지적하였다. 작업도구와 장비에 적응하는 방식이 남녀 노동자가 다르다면 어떻게 다른지 더 많은 연구가 필요하고 남성 노동자와 여성 노동자에게 더 건강할 수 있는 일터로 작업장이 재설계되어야 함을 강조하였다. 매싱과는 다른 의도에서 남성 노동자들은 여성 노동자보다 남성 노동자가 체력이 훨씬 강하고 근육이 많고 악력이 세다는 차이를 내세워서 여성은 작은 남성이 아니라고 주장했다. 남성에게 더 많은 일자리와 임금이 필요한 것은 당연하며 성별 노동 분업은 정당하다는 주장이었다.[30] 여성이 남성을 완벽하게 모방하는 것은 가능하지 않을뿐더러 모방했다고 여성과 남성이 동일해지는 것도 아니다. 그렇지만 남성들은 여성의 침입도 불편해하였고, 모방의 불완전함도 문제 삼았다.

규직 여성 노동자의 라인 배치를 반대했다. 이때의 준비는 여성용 화장실 등 여성 노동자에게 필요한 시설물들이 마련되지 않았다는 것이었다.

노동조합: 성별 분업구조의 축소판

여성 노동자에게 일터에서 가장 일차적인 공간은 작업장이다. 라인이 돌아가고 있는 공장, 업무 지시를 받고 보고가 이루어지는 사무실, 기계가 돌아가고 자재가 옮겨지는 작업 현장이 노동자인 여성의 직접적이고 물리적인 첫 공간이다. 작업장에 들어온 여성 노동자에게 노동조합은 이차적 공간이다. 입사와 함께 노동조합 가입이 강제되는 사업장이나 노동자가 자유롭게 가입 여부를 결정할 수 있는 사업장이나 크게 다르지 않다. 여성 노동자는 집 밖으로 나왔지만 주요한 생활공간은 집-일터의 순환 구조에서 크게 벗어나지 않는다. 그런 여성 노동자가 능동적으로 노동조합과 관계를 맺는 데에는 몇 가지 계기가 작동한다. 여성 노동자가 작업장에서 심각한 차별을 경험하면서 직접 노동조합의 문을 두드리는 경우, 노동조합이 여성 노동자를 조합원으로 적극적으로 조직하고 노동조합 활동과 지속적인 관계를 형성해가는 경우 등이 그것이다. 여성활동가 가운데 노동운동을 목적으로 작업장에 들어온 경우에도 노동조합은 이차적 공간이다. 그들이 근본적으로 변화시키고자 하는 것은 노동이 이루어지는 작업장이고 노동조합은 그것을 실현하는 중요한 매개체이기 때문이다.

여성 노동자는 노동조합에 현장의 여성 차별과 성추행의 피해를 호소하고 노동조합과 함께 문제를 해결하는 과정에서 노동조합이 노동자의 조직임을 실감하기도 한다. 물론 노동조합에 기대했던 것과 달리 배신과 외면을 경험하고, 남초 사업장의 노동조합이 보이는 가부장성과 남성 중심적 실천에 분노하는 경우도 있다. 여성활동가들은 노동조합과 어떻게 관계를 맺었고, 어떤 문제의식을 절감하고 있는지 살펴보자.

노동조합 진입의 계기
차별을 경험하고 노동조합을 찾다

남초 사업장에 들어가서 일하던 중 여성 노동자들은 취업 계기와 마찬가지로 '생애 주기'에 따른 경험 속에서 노동조합을 만났다. 이들은 결혼, 임신과 육아로 인한 경력단절을 겪었고 여성 노동자 배제를 경험하였다. 이 과정에서 이전에는 인식하지 못했던 여성 노동자의 위치를 구체적으로 자각하였고 남녀 차별의 현실에 새롭게 눈뜨게 되었다.

J는 회사의 동료와 결혼하여 사내 부부가 되었지만 곧 퇴사했다가 2002년에 재입사하였다. 재입사 후 J는 여성들이 동일 노동에 따른 동일 임금을 지급받아야 함을 교육했던 남성 간부가 지회의 간부로 출마하자 "같이 해볼 만하다"라고 판단하고 노동조합의 여성부장을 맡았다.

J   여성의 목소리를 내도 되겠다는 생각을 했던 게 지회장으로 나오시는 분이 그래도 여성 일에 신경을 많이 써주셨던 분이세요. 그전에 집행부 간부 하실 때도 보면 항상 **여성들이 목소리를 내야 되고 여성들이 움직여야 된다,** 동일 임금을 주장하

려면 여성들이 나서야 되는 거다, 지금 동일 노동인데도 불구하고 동일 임금을 못 받는 거에 대한 문제는 당연히 있는 거다, 그분이 교선*부터 막 이렇게 하셨고, 그런 교육들을 해주셨던 분이세요… 이분이 딱 이제 집행부 위원장으로 나오시니까… 그래서 여성부장으로 나와서 같이 일을 하게 됐고.

허은(2018)은 경력단절을 경험한 기혼 여성 노동자가 임금 등의 노동조건에서 성별 불평등을 경험하고 해석하는 과정에서 '모성'으로서의 여성을 소환하며, 가구에서의 동반자 관계를 작업장에서 남성 동료와의 관계 규정에 적용함으로써 성차별적인 임금 규칙과 교섭 관행의 부당함이 정당성을 갖춘 것으로 전환된다고 분석하였다.[31] J는 이 연구 결과와 다르다. J는 기혼 여성 노동자로서 작업장 성차별을 인식하고 부당함을 참지 않았으며 매우 능동적으로 차별을 해소하고자 구체적 실천을 선택하는 주체적 행위자가 되었다.

I도 J와 마찬가지로 작업장에서 성차별과 성희롱을 경험한 후 노동조합 문을 두드렸다. I는 육아휴직 후 2017년 초에 직장에 복귀하여 새로운 팀장과 일하는 과정에서 '몸매 품평'을 겪었다.

I   제가 굉장히 살이 많이 찐 상태로 왔었어요. 그러니까 여자한

* 교육선전실(국)을 말한다.

테 몸이라는 게 이런 거구나라는 걸 되게 아주 적나라하게 느꼈던 거죠… 정말 위아래로 훑으면서 "그 몸매가…" 얘기한 게 잊히지 않아요… 문제 제기하면서 제가 그렇게 얘기했던 것 같아요. "사과받고 싶습니다." 그랬더니 어 정말 거들먹거리면서 이렇게 막 하더라고요… 사내 절차에 신고하고 하니까, 그때서 와서 저한테 했던 첫 번째 말이 "조직을 생각해달라"라는 말을 했어요. 그래서 제가 **'얘네가 말한 조직에 나는 존재하지 않는구나'** 그때 좀 (생각)했고 그리고 회사 절차가 워낙 잘 돼 있어서 막 했어요. 굉장히 절차도 잘 돼 있고. 근데 조사관, 저희 인베스트게이터라고 하는데 정말 이 사람의 워딩이 얼마나 무례한지 딱 느끼면서 '너하고는 얘기가 안 되는구나'라고 (판단하고) 제가 바로 그다음에 노조에 노크를 하게 된 거예요.

노동조합의 권유로 활동가가 되다

위 사례와 다르게 노동조합에 의해서, 더 정확히 말하자면, 여성활동가가 주도하여 매우 '목적의식적'으로 활동가로 양성한 경우가 있다. F가 이 경우에 해당한다. F는 노동조합이 기획하여 운영하는 기능학교에 입학한 것을 계기로 건설 현장에 취업하였고, '노동조합에 받은 만큼 노동조합을 위하여 무언가 해야겠다'는 심정을 갖고 노동조합 간부로 참여하기에 이른다.

F는 노동조합에서 여성 노동자를 건설 현장의 기능공으로 양성했기 때문에 자신이 현장에 들어올 수 있었다고 생각하

던 상황에서 주변의 권유를 받아 여성위원장을 맡게 되었다.

F   우선 여성 회원 준비팀을 꾸리고 나서 (노동조합에서) 여성 사
     업을 계속했잖아요. 그러면서 이렇게 여성위원장 권유가 들어
     왔어요.
     그런데 **건설 현장에서 이렇게 일을 하러 온 사람이 활동가로**
     올라오는 게 쉽지가 않거든요. 제가 건설 현장에서 일을 할 수
     있게 된 그런 것도 어느 정도 이런 여성 사업을 통해서 했기
     때문에 내가 좀 이거에 대해서 보탬이 돼야 되겠다는 생각이
     있었고, 그래서 그 길에 뭐 좀 내가 먼저 앞장서서 나가 보자
     이런 마음이 있었던 것 같아요.
     (기능학교를 통해서 기술을 익히고 일을 하러 들어오시게 된
     거예요?)
     네, 그렇죠. 기능학교를 졸업하고 현장에 들어가서 일을 하다
     가 뭐 그때는 여성 준비팀이 많지가 않았어요. 한 4~5명 그렇
     게 됐었는데 그중에서 제가 나이가 가장 어렸고 젊은 편이었
     어요. 젊기도 하고 그래서 그렇게 권유가 들어왔을 때 그러면
     내가 먼저 해보자는 생각이 있었죠.

     H는 노사 협상에 의하여 사무직에서 생산직으로 전환하
였다. "아무래도 사무실보다는 현장에서 노동조합에 관심도 많
아지고 활동에 대해서도 열려 있다 보니" 전직 이후 여성할당
대의원 출마를 권유받고 노동조합 활동도 시작하였다.

H   사무실에서 내려온 젊은 여성이다 보니 활동을 한번 해보지
    않겠느냐라는 권유를 받았었고, 그런 권유로 2014년, 2015
    년경에 여성할당 대의원으로 출마하게 됐고, 그 계기가 돼서
    여성할당 대의원 중에서도 또 워낙 저희가 고령화돼 있기 때
    문에 활동 간부도 "젊은 여성들 중에 할 사람이 없냐?" 이렇게
    되다 보니 또 여성실장으로도 권유를 받았어요. 6대 때 여성
    실장은 2년을, 여성할당 대의원 2년하고, 계속 문화패*도 하
    고 계속 활동을 했었죠. 그러면서 지금까지 이렇게 온 케이스.

    입사 당시 20대 중반이었던 C는 입사 직후 있었던 성과연
    봉제 반대 파업**에 참여하면서 노동조합을 알게 되었다. 첫 파
    업의 경험이 신기하고 재미있었다. 파업에 함께 참여했던 선배
    인 노동조합 간부가 권유하여 노동조합 활동을 시작하였다.

C   제가 16년도 7월에 입사를 했고 9월에 성과연봉제 (반대) 파
    업이 있었는데, 그 파업에 참가를 시키기 위해서 지회장님이
    (노동조합) 가입을 권유하고 같이 가자 그러셨던 것 같아요.
    그래서 가입하고 같이 파업 나가고 그게 조합에 대한 인식의

---

* 노동조합 부서로, 각종 노동조합 문화행사를 기획하고 집행하는 부서다.
** 2016년 박근혜 정부에서 '공기업 성과연봉제와 구조조정안'을 발표하였고,
전국철도노동조합, 서울지하철노동조합, 서울도시철도노동조합이 9월 27일
위 정부 정책에 반대하는 연대파업을 벌였다.

시작이었던 것 같아요.

(어땠어요, 첫 파업의 경험?)

처음에 거기 아마 군자 기지 안 강당에 모여서 했던 것 같은데, 첫날 다 엄청 많이 모였는데, 모이면 파업가도 부르고 뭐 하고 뭐 하고 하잖아요. 구호도 외치고 하는데 저만 빼고 다 알고 있는 거야, 마치 약속한 듯이, 저는 뭔지 모르는데. 그래서 약간 신기했어요. 이걸 이분들은 어떻게 알고 있지? 역에서 같이 갔던 선배, 바로 위에 선배라도 거의 20년 차이 나는 남성 선배, 그분들은 다 알고 계시더라고요. 뭔가 노래도 가사도 안 나왔는데 다 똑같이 부르고, 구호 외치는 것도 마지막에 같이 복창을 한다든가 그런 걸 다 알고 있는 게 약간 신기했어요.

여성 노동자들이 처음 노동조합 활동에 참여하여 접하는 노동조합 문화는 낯설고 새로운 경험이다. C는 파업 현장에서 처음 경험한 노동조합 문화를 신기함으로 해석하였다. '남성 간부들 중심으로 구축한 노동조합 문화의 가부장성'은 여성 노동자의 노동조합 진입을 방해하는 대표적 원인으로 지적받는다.[32] 그러나 노동조합 문화를 처음으로 접한 여성 노동자들의 반응은 상황과 맥락, 작업장에 따라 매우 복합적이었다.

H는 남성들의 노동조합 문화를 처음 경험했을 때 낯설고 불편했지만 "새로운 문화를 경험하고 배워가는 자세였기 때문에 그게 노동조합의 문화라고 인식하고 그냥 불편함을 편하게 받아들이려고 노력했던 거 같고 이제는 그냥 노동조합 문화

가 이렇구나! 여기고 있는 거 같다"라고 말하였다. J는 "술자리 문화는 꽤 심각했지만 아예 그 문화 속에 섞이지 않았다"라고 하였다. I는 "난무하던 욕설이 적응하기 힘들었다"라고도 하였다. 그런데 학출의 여성활동가에게 노동조합 문화는 낯설지 않다. G는 "나는 투쟁가를 좋아했고 지금도 좋아하고… 행진곡 풍의 노래들이나 차분한 노래도 다 좋아한다"라고 말했다. 나에게도 노동조합 문화는 이질적이지 않았다. 투쟁가, 투쟁문화제, 노동소설, 노동자가 주인공인 영화 등 내가 좋아하고 경험하는 문화의 모든 영역은 투쟁과 노동으로 채워져 있었다. 지금도 매우 좋아한다. 그러나 점점 많은 부분에서 불편함을 느꼈고 이를 날카롭게 지적하고 있다. 예를 들면, 오래전부터 불러온 투쟁가가 내뿜는 결기는 당시의 긴장과 적대의 자리를 대신 채우고 있는 습관적 행동과 관료주의로 인해 지금은 괴리감이 너무 크다. 간부들은 판에 박힌 연설을 끝도 없이 늘어놓고 조합원들은 딴짓에 열중인 집회 현장, 상호 토론보다 집행부의 일방적 정보 전달과 역할 분배가 관행화된 회의가 불편하다.

여성 조합원이 다수인 조직으로 노조의 핵심 간부 다수가 여성이면서 조직문화나 운영이 여성들의 요구나 필요를 중심으로 이루어지고 있는 여성 중심 노조와 남성 중심의 가부장적인 노조에서 여성 간부들이 겪는 경험은 다르게 나타날 것으로 예상할 수 있다.[33] 그러나 정작 여초 사업장의 여성 간부인 L은 노동조합 문화를 어떻게 생각하는지 물었을 때 "술 문화, 회의 문화 이런 것들에 대대적인 수술이 필요하다"고 강조하며 이유를 다음과 같이 설명했다.

L   솔직히 그런 것들이 많지는 않은데 근데 그게 정말 문화야. 근데 지금 남성 문화 여성 문화를 따지기 이전에 이게 효율적인 건가를 들여다봐야 되는데, 우리는 술자리를 하면서 끈끈한 의지를 다져야 해. 근데 그 문화가 지금 세대한테는 들어오지 못하거든요. 그 끈끈한 문화를 싫어하는데… 그러면 우리도 인식을 바꿔서 이 문화가 아니라 다른 걸 가지고 우리가 끈끈한 걸 뭘 만들 수 있을까를 고민해야 하는데 아니야, 술이 최고야, 거기서 바뀌지 않으니까요.

L은 "문화 속에서 이탈된 행동이 허용되지 않고 동지는 함께 갔다가 함께 온다는 실천을 무자비하게 하고 있다"라고 현실을 지적하였다. 여초 사업장 노동조합에서도 남성적 젠더 문화(일사불란함, 통일된 행동 등)를 강조한다는 것은 노동조합의 일반적 운영과 문화가 공통되게 수직적이고 획일적임을 보여준다. 또 한편으로 L은 현재의 노동조합 문화에 예민하게 반응하여 변화를 모색하고 있기도 하였다.

L   제가 보기에는 토요일에 집회나 이런 것들 자체도 바뀌어야 될 것 같아요. 그들(노동조합 간부)에게도 주말이 있는 삶을 줘야 돼요. 순번으로 이렇게… ○○본부 같은 경우는 그렇게 짜더라구요. 어쨌든 매주 나올 수 없으니 돌아가면서 참석을

하는 걸로… (활동을 계속)하다 보면 헌신과 성실이 생길 수 있지만 그게 기본이 될 수는 없어요. 노동조합도 이제 시스템화돼 있는 거기에 맞춰서 사람도 배치를 해야지… (노동조합 간부에게) 언제 퇴근 시간이란 게 있었는데? 이런 얘기를 하는 건 이제 아니라는 거.

실제 코로나가 심하던 당시에 노동조합 캠페인 행사에서 손소독제, 티슈에 "칼퇴 아닙니다. 정시퇴근입니다"라는 문구를 새겨서 배포했다고 한다. 조직문화를 바꿔보려는 시도였다. "육아와 질병에 대한 경우에 무조건 열외를 시켜준다. 우리 사업은 가족들이 함께할 수 있는 문화를 진행한다. 가족 영화 보기, 체험 마을, 물놀이, 캠핑 등…"이라고 L이 말한 데서 알 수 있듯이 현실의 노동조합 문화를 바꾸려는 시도는 여성 사업장 노동조합에서 앞서서 적극적으로 시도하고 있음을 알 수 있다.

여초 사업장의 또 다른 간부인 K는 여성 노동자들이 노동조합 활동을 하기 싫어하는 이유는 술 문화나 족구 같은 체육 활동보다는 환대받지 못하기 때문이라고 말한다.

K   그러니까 자기가 들어갔을 때 뭔가 그들만의 어떤 커뮤니티가 있는 걸 알고, 남성들끼리 뭔가 이렇게 많이 해왔고 그러니까 네트워크가 되게 두터울 거 아니야. 그런 분위기 속에서 자기가 나섰을 때 충분히 지지받지 못하고 활동가로서 성장하기 어려운 구조라는 걸 사실 직감적으로 알아요. 누구나 그렇잖

아요. 그게 말은 안 해도 대놓고 차별하고 그래야지만 그게 차별인가요, 그런 문화나 분위기나 커뮤니티 친소관계 이런 거 다 얽혀 있는데. 그러니까 사실 더 노동조합에서 일하기 싫어하죠.

K의 지적은 낯설지 않다. 여성 간부는 노동조합 회의 이후 밤늦도록 이어지는 뒤풀이에서 어떤 정보를 주고받았는지 알 수 없다. 남성 간부들이 회의 중간중간 "담배 한 대 피우자"고 무리 지어 나간 후 입장을 정리해서 돌아오는 경우는 비일비재하다.

기본적으로 남성 중심적인 노동조합 문화이지만 여성 간부들은 나서서 "특정한 사람들만을 위한 행사가 아니라 아이들부터 모두가 함께 즐길 수 있는 프로그램, 함께 즐겨도 전혀 문제가 되지 않을 것들"을 주로 기획한다.

K 어린이 학교 프로그램을 좀 잘 마련한다거나, 그리고 저녁에는 재즈가수들을 초청해서 음악 공연을 이렇게 마련한다거나, 그다음에 그 지역 특성에 맞는, 예를 들어서 서핑 그런 것까지 프로그램에 넣거나 되게 새로운 시도들을 좀 많이 하려고 하고, 이거는 조합원 확대 이런 노력을 많이 하다 보니까 좀 더 조합원의 기호를 좀 다양하게 열어두고 하지, 뭐 체육이나 이런 평소에 여성들이 즐기는 문화가 아닌 거는 잘 안 하게 돼요. 그러다 보니까 자연스럽게 족구나 이런 것도 못 하죠.

K는 돌봄 경험이 있는 여성 간부가 있거나 집행부 안에 여성 비율이 높아야 다양한 문화 프로그램을 기획하는 것이 가능하다고 말하였다. 노동조합 문화에 대한 반응은 개인의 경험과 조직의 상황에 따라 다양하다. 남초 사업장은 말할 것도 없고 여초 사업장에도 남초 사업장 못지않은 강제적이고 일방적인 요소들이 존재한다. 그렇지만 현재의 남성 중심적이고 획일적인 노동조합 문화는 바뀌어야 한다. 노동조합 내부 성별 기호와 세대별 선호가 다른 현실을 인정하고 다양한 주체가 진입할 수 있도록 변화하여야 한다.

학출 활동가, 노동조합을 선택하다

인터뷰에 참여한 여성 노동자들이 남초 사업장에 진입하던 90년대 말 IMF 직후부터 2000년대 초반의 한국 사회는, 신자유주의를 기조로 한국 사회를 전면적으로 구조조정해야 한다는 요구를 국내외에서 받고 있었다. 당시 노무현 정부는 방만한 공기업의 퇴출과 민영화, 구조조정을 압박했다.* 정규직

---

* 노무현은 대통령 당선인 인사에서부터 "구조조정 기조를 유지하겠다"라고 천명하였고, 재임 기간 동안 철도를 비롯한 발전, 가스, 지역난방 등의 민영화와 분할 매각을 추진했지만 철도, 발전, 가스 등 3사 노동조합의 연대파업 등 반발이 심해지자 민영화와 분할 매각을 중단하였다. 민영화가 중단된 공기업들에 대해서는 정부(기획예산처)의 「정부투자기관 경영혁신 지침」(2003)에 따라 강도 높은 경영혁신이 구체화되었고, 이후 이 흐름은 전체 공공기관(정부 산하기관 및 기타 공공기관)으로 확산되었다. 노무현 정부의 경영혁신은 공공기관을 넘어 행정기관·교육기관 등에까지 확산되었다. 총액인건비제를 통한 인력 유연화 및 책임운영기관 설정을 통한 경영혁신(조직·사업 합리화 등) 등이

일반의 노동시장에 새롭게 비정규직을 도입하고자 하는 시도로 노동자 · 정부 · 자본 간 갈등이 증폭되던 상황이었다.

당시 '학출' 활동가들은 한편으로는 '공공부문'으로의 진입을 통한 공공부문의 조직화가 필요하다고 판단했고, 다른 한편으로는 비정규직이 새로운 운동 주체가 될 것이므로 '비정규직의 조직화와 세력화'가 필요하다는 장기적 전망을 세웠다. 인터뷰에 참여한 '학출' 여성활동가 네 명은 각기 학생운동에 참여하면서 기존 교육 과정에서 접하지 못했던 자본주의 체제와 계급구조를 새롭게 학습하였다. 그리고 의식적 '각성'을 경험하였다. 졸업 이후 전망은 자연스럽게 노동운동을 하는 것으로 계획하였고, 진입할 사업장은 가장 시급하게 조직해야 할 노동자 집단, 부상하고 있던 산업 영역 등을 기준으로 고려하였다.

이와 같은 배경에 근거해서 A는 입사 전부터 철도노동조합민주화추진위원회(철도노민추) 지원연대*에 결합하여 활동하였다. 현장 노동자들과 정서적, 실천적 공유 지점을 이미 갖고 있는 상태에서 현장에 들어왔기 때문에 A는 입사 직후 곧바로

주요 내용이었다.

* 철도노동조합민주화추진위원회(철도노민추)는 철도노동조합이 민주화되기 전인 94년 전기협(전국기관차분회장협의회)이 서울지하철노동조합, 부산지하철노동조합과 연대파업을 전개한 후인 95년 2월에 해고자, 현장활동가들이 중심이 되어 철도에 민주노조를 건설하기 위하여 조직하였다. 철도노민추 지원연대는 이 활동을 지지·연대하기 위하여 활동가, 학생, 시민단체, 종교계가 결성한 단체이다. 당시 승려 명진, 목사 진방주가 공동대표였고 주축은 지하철을 비롯한 공공분야의 활동가들이었다.

노동조합 활동을 시작하였다.

A 철도는 제가 들어왔을 때 이제 지원연대 하면서 그때 이제 격
   동의 시대가 열렸어요. **3중 간선제***로 노동조합 위원장을 선
   출하고 대의원을 선출하던 것들이 위법하다는 판결을 받고,
   그전에 투쟁을 하다가 이제 소송으로 마지막에 냈던 건데,
   그게 96년에 막 투쟁했던 게 다 지고 현장은 피폐해졌지만,
   2000년에 이 판결이 나면서 새로운 민주화의 바람이 불기 시
   작했고, 그러면서 활동가들이 쫙 결집을 하는 시기가 돼요.

   2000년 1월 14일 대법원은 철도노동조합의 '3중 간선제'
   에 대해 "조합원의 직선, 무기명, 비밀투표에 의해 선출되지 않

---

* '3중 간선제'는 세 번의 간접선거를 거쳐서 철도노조 위원장을 선출했던 제
도를 말한다. 지부 조합원들이 대의원을 뽑고, 대의원들이 각 지역본부 대의
원을 뽑고, 그 대의원들이 다시 노동조합 위원장을 선출할 대의원을 뽑아서
그 대의원들이 위원장을 선출하는 제도이다. 당시 조합원은 3만 명이 넘었지
만, 노동조합 위원장을 선출하는 대의원은 93명에 불과했다.1988년과 1994
년 전국지하철노동조합협의회(전지협) 동지들의 파업 투쟁으로 민주노조운동
이 시작되었고 95년 철도노민추가 만들어진 뒤 민주화 투쟁은 본격화되었다.
1996년 철도노조가 대의원대회에서 평소 1%인 조합비를 상여금 지급한 달에
는 2% 징수하도록 인상한 것에 반발해 투쟁을 조직하였고 3중 간선제 무효소
송을 진행하여 2000년 1월 14일 대법원의 '3중 간선제 무효' 판결을 받았다.
철도노조 민주화 (투쟁의) 과정은 단순하게 '3중 간선제 폐지 불법' 여부가 쟁
점이 아니라 철도 민영화와 구조조정을 저지하는 투쟁이었다. 민주화 투쟁 기
간 동안 조합원들에게 철도 민영화와 구조조정을 알리고 노조민주화가 반드시
이뤄져야 한다고 알렸다. 이러한 과정이 있었기에 첫 (집행부) 선거 후 1년도
안 되어 2002년 2월 파업을 진행할 수 있었다.

은 대의원들이 참석한 대의원대회의 결정은 무효"*라고 판결하였다. 이 판결에 근거하여 철도노조는 '직선제'로 노동조합 규약을 개정하였다. 철도노조의 활동가들은 "좌우를 막론하고 모든 활동가가 어쨌든 노동조합을 중심으로 노동조합을 민주화해서 거기를(노동조합을) 거점으로 삼아야 한다"라고 판단했다. 또 동시에 "그때 김대중 정권 지나고 민영화 바람이 본격적으로 불어오는 시기여서 생존권 싸움을 조직하기 위해서는 노동조합을 민주화시켜야 한다"는 정세 분석 속에서 민주적 노동조합을 건설하기 위하여 집중 투쟁하였다.

A   그때 민주노조가 처음으로 2001년에 만들어지고, 그때 거기에 결합해서 실무적인 일을 하면서 현장의 동지들과 유대를 갖기 시작했죠. 그래서 너무 자연스럽게, 들어와서도 노동조합에 대한 거부감이나 조합원들이 같이 민주화 투쟁을 했던 사람이라서 거부감도 없었고, 처음 들어오자마자부터 그냥 간부 활동을 해도 받아들여지고.

B는 A와 동일한 사업장임에도 불구하고 노동조합 간부로 활동하기까지 남성 조합원들의 의구심과 염려를 불식하기 위해 악전고투의 기간을 경과해야 했다.

* "<10대 노동뉴스 10위> 대법원 철도노조 3중간선제 무효 판결", 〈매일노동뉴스〉, 2000.12.26.

B 저희 지부 자체가 또 어용 중의 완전 왕어용 대부격이 지부장
   을 하고 있는 때라서요. 그래서 그때 저희는 노조 민주화가 최
   우선이었으니까 중앙도 바꾸는 건 조건이지만 지부 바꾸는 게
   우선이었고, 그래서 지부에 그렇게 같이할 수 있는 사람들을
   찾아봤지만 실제로 입사한 지 얼마 안 되고, 게다가 이 생경한
   남성 조직에서 여성이 들어오는 거에 대해서 사람들이 되게
   생경하게 바라봤기 때문에 쉽지 않았죠.

   "그 와중에 2001년도에 민주노조가 됐고" 차량 분야, 운
전 분야와 다르게 전기 직종은 노동조합 민주화 이후 지부에서
실질적으로 역할을 맡을 활동가가 전무한 상황이었다. B는 "경
력은 없었어도 단협이라든지 실무 교섭으로 해서 2002년 파업
이후에는 그런 실무 교섭단으로 활동했고, 전기 국장도 많이
하고 현장 지부장을 좀 계속"하게 되었다. 그 이후에 세 번을
연속해서 전기 지부의 현장 지부장을 맡았고, "2009년 파업으
로 2010년 1월에 해고되고 나서는 거의 10년 동안 그냥 계속
간부, 그러니까 꼭 중앙은 아니더라도 현장 간부, 지부장, 이런
간부 역할을" 했다. "2017년도에 본격적으로 중앙 국장을 2년
맡았고 그대로 쭉 연달아서" 하는 등 계속해서 간부로 활동을
이어오고 있다.
   2000년대 초반, 노동시장에서 예외적, 간헐적으로 존재했
던 비정규직 노동이 일반적, 만성적 일자리가 되고 근로기준법
의 사각지대, 노동조합 외 미조직의 상태로 확산하면서 비정규

직 노동자를 조직하는 문제가 노동운동의 핵심 과제로 대두했다. 노동운동의 시대 분석과 새로운 역할 집중의 필요성을 느끼며 활동가들은 비정규직 노동자 조직화를 당면 과제로 설정하였다. 특히 자동차, 중공업 등 금속사업장의 비정규직 노동자들을 우선으로 조직할 필요가 있다고 인식하였다. 이 산업 영역에서 조직된 노동자들이 자본을 상대로 물리적 힘을 행사하여 생산라인을 멈춰 세울 때 비정규직의 존재와 실상을 가장 효과적으로 드러낼 수 있고 자본과 정부를 압박할 수 있다고 판단했기 때문이다. G의 경우가 여기에 해당한다.

G   현대자동차 비정규직으로 투쟁을 시작했고, 그래서 사내하청 노동조합 만들고 금속노조에서 활동을 했고, 금속노조가 2001년에 만들어졌고, 저는 2003년에 사내하청지회, 현대자동차 ○○공장 사내하청지회를 만들어서 금속노조 운동을 시작했어요.

성별 분업구조의 축소판, 노동조합

남초 사업장의 여성활동가는 매우 드문 존재이다. 노동조합 간부는 압도적으로 남성이 다수다. 노동조합 주요 업무는 대부분 남성들이 한다. 여성에게는 주어진 역할도 제한적이고 극단적으로는 여성이 노동조합 안에서 아무런 역할을 하지 않아도 노동조합은 '정상적'으로 유지된다. 여성 노동자에게(사실, 많은 남성 노동자에게도) 현장은 생계의 공간이고 노동자 삶의 주요한 공간은 현장 밖, 대개의 경우 '가족'이다. 따라서 남초 사업장의 남성 노동자들은 여성활동가를 개인적이고 특수한 경우에 해당하는 존재, 또는 매우 우연적이고 돌출한 존재로 인식한다.

노동조합은 중앙 집중화된 조직이다. 나와 인터뷰한 여성활동가들은 모두 민주노총에 소속된 노동조합의 조합원이고 간부이다. 통상 총연맹으로 표현하는 민주노총 산하에 업종별, 산별노조가 있고, 다시 그 아래에 단위 사업장 노동조합이 종적 구조를 형성하고 있으며, 지역별 본부가 횡적 구조를 이루고 있다. 개별 단위 사업장 노동조합의 최고 의사결정은 조합원총회에 주어져 있지만, 일상적으로는 대의원대회가 조합원총회를 대신한다. 집행부의 권한은 위원장에게 집중되어 있다. 집행부 임기는 2년 또는 3년을 주기로 바뀐다. 다양한 현장조직, 의견그룹이 존재하는 사업장에서는 해당 주기별로 집행부를 장악하기 위한 각축전을 벌인다. 여성활동가는 집행부 구성에 능동적으로 개입하기도 하고 선거 결과에 따라 활동을 지속하거나 중단 또는 새롭게 시작한다. 어떤 경우에도 여성 간부는 대부분 소수이다. 여성활동가는 집행부 선거에 직접 출마하기도 하지만 그보다는 할당제*에 의해 집행부 임원으로 선출되

---

* 노동조합 할당제 도입은 현재 노동조합 각 단위 간부 할당제, 각 기구, 위원회 할당제로 광범위하게 도입되어 있지는 않다. 중앙 임원 할당제의 경우 위수사(위원장, 수석부위원장, 사무총장) 중 여성 간부 1인을 반드시 포함하도록 하거나 위수사+부위원장 구도에 여성 후보를 포함하여 입후보하고 선출하는 할당제 또는 중앙 임원에 임명하는 방식으로 할당제를 운용한다. 중앙 임원 할당

거나 임명받는 경우가 더 많다.

노동조합의 정책, 노동안전, 조직, 쟁의 관련 업무는 많은 경우 남성들이 담당한다. 주로 여성들에게는 홍보, 선전, 여성, 총무, 교육 관련 업무를 맡긴다. 노동조합 내부의 살림과 돌봄이 필요한 업무, 부차적이고 주변적인 업무로 인식하는 부서에 여성을 임명하는 것이다. 그마저도 위에 나열한 보직 전반에 여성이 다수로 포진하고 있는 노동조합은 거의 없다. 민주노총과 산별노조의 전임 간부가 아닌 단위 노동조합의 경우 여성 간부는 다섯 손가락 안에 셀 수 있는 정도면 매우 많은 경우이고, 대부분 한두 명 수준이다. 남초 사업장 노동조합의 규모에 견주어볼 때 이들은 아예 보이지 않거나 특수한 예외적 존재들이다.

여초 사업장인 전교조 내 공론장 구조를 분석한 이금자는 노동조합의 공론장을 "조합원의 자발적이고 합리적인 토론과 논쟁을 하는 공간으로서, 이를 통해 노조의 집합적 정체성과 조합원의 행동 의지를 형성해가는 의사소통을 위한 네트워크"로 정의한다.[34] 노동조합의 공론장은 여성 노동자의 대표성 측면에서 특히 중요하여 "젠더 민주주의적 관점에서 여성 조합원의 참여 확대는 노조 민주주의의 또 다른 핵심으로 떠오르기도 하는데, 이는 여성 파워의 출현은 남성 위주의 가부장적 문화에 대한 도전을 의미할 뿐 아니라 조합원 참여에 바탕

제와 대의원 할당제가 함께 도입되어 있거나 대의원 할당제만 도입하는 등 형태는 다양하다.

을 둔 조합원 중심주의의 실현을 의미하는 것"[35]이기 때문이다. 전교조는 민주노총보다 앞서서 2001년에 '대의원 50% 할당제'를 도입하였다. 민주노총 사업장 중 가장 선진적으로 여성을 공론장에 나오도록 하는 의미 있는 결정이었다고 평가할 수 있다. 다른 한편으로 그 당시 이미 조합원의 60%가 여성인 상황에서 여성 간부를 '할당'할 필요가 있었다는 것은 역설적이게도 노동조합 권력이 남성에게 집중되어 있던 현실을 보여주는 것이다.

여성 사업에 갇힌 여성활동가

건설 현장 노동자들은 팀 단위로 현장에 투입된다. 팀 구성원이 모두 조합원인 경우 그 팀은 '조합팀'이 된다. 조합팀 내부에서 발생하는 성희롱 및 괴롭힘은 조합원이 가해자, 피해자가 되고, 노동조합 자체의 문제가 된다. 대개 가해자는 조합원 남성이고 피해자는 조합원 여성이다. 일반적인 직장 내 성희롱의 경우와 동일하다. 피해자인 여성은 현장에 들어온 지 얼마 되지 않아서 내부 권력이나 동원할 수 있는 자원이 거의 없는 반면에 가해자인 남성은 조합과 친분이 있고 조합 내부 권력을 자신에게 유리하게 이용할 수 있는 경우가 많다.

직장 내 성폭력이 발생하는 경우 여성위원회는 노동조합 상벌위원회에 의견을 제출하고, 사건을 공식적으로 다루도록 제안한다. 건설노동조합 상벌위원회에서 요구하는 징계 내용을 건설노조의 조합원인 가해자가 따르지 않을 수는 없다. 생존권이 달려 있기 때문이다.* 나아가서 여성위원회는 노동조합 모든 교육에 성평등 교육 배치, 성평등 교육 영상 제작, 전체 현장 성평등 교육 실시 등 현장의 성평등을 도모하는 사업을 확장해나갔다. 그런데 성폭력 가해자의 징계 요구, 여성위원회 사업의 관철 과정에서 여성 간부의 영향력이 커지자 조합 내부에서 이에 대한 견제가 나타났다.

건설노조는 선거에서 지부장, 수석부지부장, 사무장을 선출하고 여성할당으로 부지부장을 선출한다. E는 부지부장에 출마하면서 자신이 선거에 나오는 것을 집행부와 남성 간부들이 부담스러워 하는 분위기를 감지하였다. E는 여성 사업을 하기 전에는 못 느껴봤던 것을 여성 사업을 하면서 느꼈다고 한다. 전에는 들어보지 못했던 "여성이니까"라는 얘기를 듣게 되었고 "이제 여성으로 보고 여자 취급도 당하는" 경험을 하게 되었다.

E   (어떻게요?)
     "여성 부지부장이 뭔데 뭐 누구누구를 만나고 다녀?" 이런 얘
     기를 저보다 직급도 낮은 남성 간부가 저한테 한 적 있어요.
     제가 기가 막혀가지고 그전에는 한 번도 들은 적이 없는데…

* 건설노조 조합팀은 조합원으로 구성된 팀으로, 조합은 조합팀을 작업 현장에 파견한다. 조합팀에 속한 성폭력 가해자가 조합 징계를 거부하는 경우 조합팀에서 배제될 수 있는데, 이것은 작업 현장에서 제외되는 것을 의미한다. 일자리를 잃게 되는 것이다.

여성 부지부장인데 여성 사업이나 하지 뭘, 왜 조직 전반 관련
해서 개입하고 간섭하냐고. 저를 흠집 내기 위해서 사업을 흠
집 내는 듯한 이런 일들이 있다든가 다양하게 있어요. 그래서
이건 확실히 **백래시구나**, 이게 뭔가 **여성들의 목소리를 내기
시작하니까** 그전에는 전혀 그런 얘기를 하지 않다가….

노동조합 각 부서에는 담당자가 있다. 정책실에서 집행
부의 주요 정책을 제안하지만, 노동조합의 정책은 정책실장
의 몫이 아니다. 노동안전국에서 산업안전, 노동자와 작업장
의 안전 관련 요구사항을 수렴하지만 안전은 특정 부서의 업
무 차원을 넘어서 노동조합 전체의 중요하고 핵심인 업무로
인식한다. 노동조합의 여성 사업은 주로 여성 부위원장이나
여성위원장 또는 여성국장이 맡아서 진행한다. 노동조합의 남
성 간부들은 그 일을 전적으로 여성 간부, '여성 사업 담당자'
의 일로 인식한다. 성별 분업구조에 의해 생산과 재생산의 분
업이 남녀에게 할당되는 것과 같은 논리로, 노동조합 내부에
서도 '여성문제'는 '여성 간부' 또는 '여성국 고유의 사업'으로
취급받는다.
현대자동차 노동조합의 중심은 현대자동차 울산 공장이
다. 울산지부의 상근 간부는 총 58명이다. 이 중 여성 사업 담
당자는 여성국장 한 명이다. 현재 노동조합 간부를 성별로 나
눈다면 여성 간부는 문화국장을 포함할 때 두 명이다. 사업을
혼자 감당할 수 없으니 여성 간부가 더 필요하다고 요구하자

노동조합은 문화부 일을 맡는 조건으로 여성 상근 간부를 한 명 더 추가하였다. 문화국장은 여성 사업 담당자인가 아닌가? 여성 사업 담당자 추가 배치 요구에 노동조합은 여성활동가 겸직 방식으로 화답하였다. 나는 H에게 노동조합이 실질적으로 여성 조합원의 권리 확대, 처우 개선을 하고자 하는 진정성이 있는 것인지 물었다.

H 그거는 어찌 보면… 노동조합의 의미에서의 진정성을 찾으라고 하면 솔직히 잘 모르겠어요. 그러니까 여성 조합원이 있고 언젠가부터 있어왔기 때문에 예전에 여성부장이었죠, 그것도 여성실로 따로 빼지도 않았었어요. 조직실 안에 여성부장으로 있었고 그랬는데, 이제 여성실로 되면서 '실'임에도 불구하고 여성실장 혼자 있는, 그렇게 나름 승격을 해줬다고는 하는데, 저는 이게 현대자동차 노동조합이 여성에 관련해서 이런 것보다는 **지부장의 성향**인 것 같아요. 다른 느낌이 안 들어요. 지부장님이 얼마큼 이제 소외계층, 또 여성도 소외계층이고 협력업체 그러니까 비정규직도 소외계층이라고 치면, 지부장님이 얼마나 이 두 부류의 사회 연대가 됐든 이런 부류에 관심이 있고 없느냐에 따라 결정이 나는 것 같아요. 제가 느끼기에는.

노동조합이 안정되고 어느 정도 규모를 갖추게 되면 노동조합의 사업과 운영은 제도화된다. 사업 적용의 시기와 규모, 재정 등 모든 것이 반복을 거듭하면서 관성화되거나 답습하는 경향도 생긴다. 집행부가 바뀌어도 특정 시기별로 배치하는 사업은 정해져 있고, 그에 따라 인력과 재정을 할당한다. 그런데 유독 여성 사업은 집행부의 성향에 따라서 적극적으로 변화를 모색하고, 새로운 사업을 시도해 보거나 또는 역으로 축소하거나 아예 사라지기도 한다. 여성 사업은 '노동조합의 필수적 사업이기보다 하면 좋지만 안 해도 그만인 사업'으로 이해된다. 소수인 여성 조합원, 노동조합의 핵심과제로 인식되지 않는 여성 사업은 집행부가 외면하더라도 노동조합이 감당해야 하는 부담이 크지 않다는 것이다. 이렇게 주변화된 여성 사업은 종종 전체 사업과 무관하게 '여성 간부'가 떠맡는 사업이 된다.

H 그냥 뭔가 좀 금남금녀의 집처럼 여기는, 그래도 뭔가 좀 지켜줘야 되겠다는 그런 분위기는 있기는 해요. 근데 이제 그 지켜주는 분위기가 뭔가 개선되고 더 발전적으로 지켜주고 이끌어주는 게 아니라, **그냥 느그꺼 그냥 해라** 그거는 손 안 댈게 이런 분위기는 솔직히 있고. 그런데 지부장님의 역량이라는 말은 이제 뭔가를 조금 더 새로운 시도를 하고 뭔가 새로운 것을 만들어갈 때 지부장님이 얼마나 같이 목소리를 내주냐에 따라서 간부들이 받아들이는 거나 대의원들이 받아들이는 느낌이 좀 다르겠죠. 그런 거는 **지부장의 성향에 따라서 차이가 있는** 건 확실히 느껴요.

노동조합 집행부가 여성 사업은 여성 사업 부서와 담당자가 알아서 하라는 식의 방조를 넘어 적극적으로 중단을 요구하는 경우도 있었다. 타워크레인 분과장(건설노조 4개 분과 중 하나)이 교체된 후, 분과장은 단체협약에 명시되어 있는 '여성수련회'를 하지 못하도록 막았다. 타워크레인 분과의 여성수련회는 보건수당*을 없애는 대신에 수련회를 하기로 단체협약에 명시되어 있는 사항이다. 그런데 분과위원장이 여성수련회를 하지 못하게 막았고, 건설연맹의 부위원장이자 여성위원장인 D는 분과장에 맞서 "3년 동안 엄청나게" 싸웠다. D는 노사합의하여 단체협약에서 보장하고 있는 권리인 '여성수련회'를 지켜내기 위해 전국 100여 명의 여성 타워크레인 기사 가운데 70여 명 되는 수도권 여성 타워크레인 기사를 조직하고 건설노조 위원장과의 면담을 요청하였다.

D   그래서 제가 소집을 해놨죠. 다는 아니지만 그래도 목소리 낼
     수 있고 경력 되고 이런 분들을. 위원장님 간담회를 요청을 해
     놓고, 그래서 이제 위원장님이 굉장히 말렸고, "그렇게 안 해
     도 해결할 수 있으니까 한 번 분과위원장이랑 이렇게 만나자"
     해가지고 해결을 했던 적이 있었고….
     (분과위원장이 여성 조합원들이 수련회 가는 걸 왜 막은 거
     죠?)

* 생리휴가를 말한다.

"왜 여성들만 모여서 따로 가냐? 조합비 쓰면서" 이런 거. 뭐 그런, 분과위원장 자체가 그런 마인드를 가지고 있었기 때문에 싸움이 벌어졌던 거고….

H와 D는 여성 사업을 지속하고 지원받으려면 집행부의 성향, 특히 대표(위원장 또는 분과장)의 의지가 매우 중요하다고 말한다. 노동조합 사업의 대부분이 제도화, 관례화되어 집행됨에도 불구하고 여성 사업에서 리더의 성평등 의식, 여성 친화적 정서가 중요하다고 말하는 것은 여전히 여성 사업과 여성 노동자 조직화는 노동조합에서 필수적 실천, 상수의 영역이 아니라는 것을 반증한다.

D   그래서 제가 많이 실망을 했고… 올해 건설노조가 7기 들어오면서부터 바꾸는 일을 했죠. 분과위원장 뽑을 때 많은 공을 들여서 세워놨죠. 근데 이제 **장이 어떻게 하느냐에 따라서 달라져요.** 지금 지부장들이, 지부장들도 막 반발을 많이 했거든요. 그랬는데 분과위원장이 바뀌면서 지부장들도 굉장히 달라지는 거를 봤고, 그리고 분과위원장이 "이건 단협이야. 난 끝까지 할 거야" 이런 생각으로 밀어붙이니까 지부장들이 거기에 대한 토 하나 안 달고… 6기 때는 지부장, 분과위원장이 전국을 돌면서 "여성수련회는 없애야 한다" 이러니까 제가 우리 지회장한테 전화했을 때 "누님 본인들이 스스로 (여성수련회를) 싫어하잖아요" 이런 식으로 얘기하는데 이 분과위원장이

바뀌면서 그런 말들을 전혀 안 하는 걸 보면서 이거는… 그래서 6기 때 건설노조 위원장님도 "여성수련회를 하고 났더니 그때 우리가 잘한 것 같다"고, "그때 누가 싸워줬기 때문에 이게 안 없어지고 살아 있는 것 같아, 내가 잘한 것 같다" 그러고 진짜.

이처럼 여성활동가들이 여성 사업을 시작하거나 집행하는 데 위원장의 태도가 중요하다고 공통으로 지적하는 것은 현재 노동조합의 의사결정 구조가 "위원장 중심"[36]으로 되어 있기 때문이다. 위원장 중심의 의사결정은 노동조합 내부 민주주의를 치명적으로 해친다. 노동조합 회의 기구에서 대립하는 다양한 의견의 최종적 결론이 "위원장을 믿고 집행부에 힘을 실어달라"라는 위원장의 한마디로 정리되는 경우가 비일비재하다. 다양한 의견을 토론하여 결정한다는 민주주의의 외피를 둘렀지만 의사결정은 치열한 토론과 대립이 무색하게 위원장의 입장으로 사실상 일방적으로 결정된다.

그뿐만 아니라 현 시기 노동조합 위원장 구성에서 남성들이 대다수를 차지하고 여성들은 대부분 조직 내부 결정 단위에서 배제된 점을 감안할 때, 위원장 중심주의하에서 남성 위원장을 정점으로 구성원들이 성별 및 직책에 따라 위계화되는 것은 그 자체가 노동조합의 젠더 위계적 질서 또는 가부장적·남성 중심적 질서를 나타낸다고 볼 수 있다.[37]

노동조합의 남성 카르텔

남초 사업장에서 여성활동가가 노동조합의 대표로 선출되기는 매우 어렵다. 노동조합 선거 입후보, 선거운동본부의 구성, 조합원의 동의와 지지를 확보하는 것은 여성활동가 개인의 능력과 의욕만으로 되지 않는다. 대규모 남초 사업장 노동조합 선거는 이미 형성되어 있는 남성 카르텔에 의해 남성에게서 남성에게로 지도부의 교체와 계승을 반복해왔다.

여성활동가가 현장에서 "위원장에 출마하라"고 요구받더라도 현실적으로 그것을 조직하는 것은 전혀 다른 문제이다. "이미 관료화되고 조합주의가 장악한 노동조합을 위원장 얼굴을 여성으로 바꾸는 것만으로 변화시킬 수 있는가"라는 문제제기는 분명 유의미하다. 그렇지만 '남초 사업장 노동조합의 위원장인 여성'이 어떤 지도자일지, 그가 보여줄 장점은 무엇이고 남성과 다를 것 없이 노정할 문제가 무엇인지 예측할 자료가 우리에게는 없다. 권력을 가져본 역사가 없기 때문이다. 지금 현실의 조건에서 남초 사업장 노동조합 선거에 '여성' 후보를 세우고 조합원의 동의를 받는 것은 쉬운 일이 아니다. 선거는 후보와 지지 세력의 당선이 일차적 목적이다. 노동조합 내부 소수자이자 남성 집단과 갈등과 긴장관계를 지속하고 있는 여성활동가가 남성 집단의 전폭적 지지를 받으면서 선거에 출마하는 것은 불가능하다. 그렇다고 여성이 지지하고 여성이 조직하는 여성 후보를 독자적으로 만들 내부적 조건을 갖추기도 어렵다.

대표적 여초 사업장인 전교조에서조차 집행부 선거에 '여성 독자 후보'가 출마한 것은 대단한 '사건'이었다.* 전교조 조직의 남성 중심적 권력구조와 운영방식이 여성을 조직에서 외부화, 주변화 시켜왔기 때문에[38] 여성 조합원이 남성 조합원보다 수적으로 우세했지만 그에 연동하는 질적인 지위를 확보하

* 전교조에서 2018년 노동조합 선거에 '페미니스트 여성위원장' 후보를 세우고 선거운동을 한 경험이 있다. 페미니스트 선거운동본부, 전교조 '페미선본'에 대하여 연구 참여자인 K는 아래와 같이 서술하였다. "전교조 '페미선본(페미니스트 선거운동본부)'은 2018년 11월에 처음으로 출범했다. 페미선본은 전교조 노동조합 선거 최초로 여성위원장 후보, 여성 사무처장 후보로 입후보하였다. 후보를 비롯해 선거운동원으로 나선 조합원 모두 페미니스트 정체성을 갖고 있었다. 선거운동, 공약, 정책 모두 페미니즘 철학에 기반해서 만들었다. 명망가와 운동권 세력 중심의 활동가 조직인 전교조는 30년 역사 동안 낡은 가부장적 조직문화를 그대로 재생산하고 있었다. 30년간 교육민주화 투쟁을 해왔고 조합원의 약 70%가 여성이었지만 남성이 과대 대표되고 여성의 경험과 현실은 배제되기 일쑤였다. 페미선본에 대한 반응 역시 마찬가지였다. '설마 이기려고 나온 건 아니지?', '너네는 페미니즘 말고는 내용이 없다'라며 후려치는 반응들. 첫 페미선본은 8.79%의 득표를 받았다. 2020년 두 번째 페미선본이 출범했다. 두 번째 출마도 여성-여성 후보였다. 50대 여성과 30대 여성이 후보로 나섰는데, '30대 여성'은 전교조 안에서나 학교 안에서나 가장 취약한 성별이자 연령대에 속한다. 특히 전교조에서는 중요하거나 영향력 있는 자리에 어울리는 인물로 기대되지 않고 경험할 기회조차 주어지지 않은 위치에 있다. 하지만 변화는 가장 약한 곳, 그래서 가능성이 있는 곳에서 시작한다. 두 번째 페미선본은 '다양한 위치성을 가진 조합원이 공존할 수 있는 전환의 전교조'를 표방했다. 많은 조합원들은 '페미 후보 덕분에 선거가 남의 잔치가 아니라 내 잔치가 된 것 같다'라고 기뻐했다. '양대 정파에서 다 해 먹던 선거에서 드디어 내가 뽑고 싶은 후보가 생겼다'라고 환호했다. 두 번째 페미선본은 13.04% 득표했다. 첫 선거 때에 비해 득표율이 증가했다. 두 번의 페미선본은 전교조라는 가부장적 조직을 페미니즘이라는 인식 틀로 바라보고 비판하는 대안을 제시했다. 평소였으면 간단히 무시하고 지나칠 말도 선거라는 정치의 장 속에서는 '들리는' 결과를 낳았다. '목소리 크고 나대는 여자들'의 '비정상적이고 허무맹랑한 신념들'이 많은 지지를 받고 있으며 페미니스트라는 존재가 전교조 안에서 세력을 형성하여 거대한 권력집단에게 두려운 '송곳'이 된다는 점을 보여주었다."

지는 못하고 있었던 것이다. 만약, 남초 사업장에서 여성 후보
를 중심으로 하는 여성 독자 후보 선거운동본부를 여성 노동자
들이 조직할 수준이라면 우리는 지금보다 훨씬 많은 여성활동
가들을 만나고 있을 것이다. 현실에서는 여성활동가가 중심에
서서 투쟁을 조직하고 노동조합을 설립한 경우에도 여성은 지
도자로 승인받지 못했다. 리더로서의 나의 능력과 자격을 주장
하는 순간 "권력 욕심에 사로잡혀서 잘난 척하는" 존재로 취급
받았다. G의 경우가 그랬다. G가 활동했던 현장에 사내하청지
회가 만들어지는 주요한 계기가 '식칼 테러 사건'*이다.

G   우리가 파업을 하고… 여기 지회를 만들자고 할 때 갑자기 여
      기는 의장** 공장인데 엔진(공장)에 있는 어떤 사람을 데리고
      와서 지회장을 한다는 거예요. 그 사람이 생전 처음, 알지도
      못하는 그 공장하고 해당 없는 사이에서… 이 얘기를 누가 하
      냐면 이 현장에 학출이라고 들어온 남성 동지들이 이런 조직
      을 해가지고 와요. 내가 "그렇게 하면 안 된다. 지금 현재 핵심
      대오는 여기다. 그리고 여기서 지도력을 확보한 것은 ○○○
      이다. 그리고 지금 현재 의식이 있는 사람이 아니면 현대자동

---

* 2003년 3월 19일 법으로 보장된 월차를 쓰겠다고 요구했다는 이유로 현대
차 하청노동자가 관리자에게 아킬레스건을 식칼로 난자당했다. 일명 '식칼 테
러'. 그달 28일 현대차(하청공장)에서는 최초로 노조를 설립했다.(이종호, "대법
판결 무시한 법 위의 현대차와 지난한 싸움", 〈민중언론 참세상〉, 2012.10.29.)

** 차체에 실내외 부품을 장착하고 정장 부품, 배선, 배관 작업으로 차량을 완성
하는 공정을 말한다.

차가 돈으로 혹은 봐라 여기 이전에 있던 남성 식으로 이렇게 날려버린다니까. 굉장히 고도의 의식이 있지 않으면 지금 현재 그냥 현장에 있는 노동자로 하면 그가 얼마나 훌륭하고 좋은 형님인지는 모르지만 그렇게 되지는 않는다. 오히려 날아간다. 그러니까 오히려 초반에는 아는 사람이 하는 게 좋다"라고 얘기했는데… 이거를 "저년이 권력욕이 있어서" 이렇게 걔네가 돌린 거고, 전 정말 그렇게 생각하지 않았고….

G는 그 이후에도 "항상 남자애들이 그게 학출이건 아니면 그 학출한테 배운 애들이든지 간에 현장에서 지도력이 나한테 있는데 걔네가 (나의) 지도력을 훼손하려고 노력하는 것이 항상 현장에서 다툼의 원인이 됐다"고 말하였다. 그 상황을 의아해하는 G에게 조합원들은 남성 간부들이 G의 지도력을 인정하지 않는 것은 "네가 여자여서 꼴 보기 싫은 거"라고 해석해주었다.

G 그 이후에도 근데 항상 "○○○이 정파적으로 옮겨 간다"라고, 내가 거짓말한다고. 예를 들면 이런 상황이 되게 많았는데 그때는 그게 잘 해석되지 않았었어요… 내가 "쟤네는 왜 저러는 거야?" 이렇게 물어보면, (우리 조합원들이) 나한테 "네가 여자니까 그러잖아" 이렇게 얘기를 해. "설마 그럴 리가 있어? 투쟁도 내가 맨 앞에서 하고 내가 여자라고 뭘 뺀 게 없는데" 그랬더니 "야, 너 바보니? 너 여자니까 꼴 보기 싫은 거야" 그냥 이

얘기를 현장에 있는 동지들이 했었거든요.

　노동조합의 대표와 지도부는 남성들끼리 독점하고 넘겨받는 것이 당연하게 인식되었다. 권위와 지도력을 인정받는 여성 간부는 견제를 받았고, 권력의 분점을 요구하는 경우 권력욕을 가졌다고 비난받았다.

E　여성위원장이 운영위원회에 들어가니 "부지부장도 들어오고 여성위원장도 들어오냐?"라고 저한테 따지는 남성이 있었어요. 10명 중에 (여성이) 2명 (되는 걸), 여성 부지부장 혼자만 있는 것도 부담스러운데 왜 여성이 한 명 더 생기냐 이 얘기를 하는 거지… 제가 권한을 가지고 있다고 그걸 나쁜 데 쓴 적이 없거든요. 제가 거의 수석부지부장 역할을 한 건데 그게 꼴 보기 싫은 거야. 내가 남성이어도 저렇게 했겠어요? 내가 남성으로서 역량을 발휘하고 이런 일을 했다고 저렇게 공격하고 욕하고 했겠냐고. 내가 남성이면 아마도 감히 못 했을 거다, 그렇잖아요?

　여성활동가가 진입하기 어려운 것은 노동조합 내부 의사결정 구조에만 해당하지 않는다. 여성 간부가 노동조합의 교섭위원이 되어 사측과 대등한 협상 테이블에 앉는 것은 더 어렵다. 노사 동수로 구성하는 단체교섭의 노측 교섭위원, 노사협의회의 구성원으로 여성이 들어가는 경우는 거의 없다. 관행적으로 노동조합은 남성이 대표해왔다. 여성은 주로 노동조합의 권력 외곽에 있으니 노동조합을 대표하는 공식적 자리에 접근하기가 구조적으로 어렵다. 여성 간부는 사용자를 상대로 하는 협상과 토론을 위해 학습하거나 실무를 축적한 경험도 부족하다. 여성에게는 노동조합을 대표할 기회, 준비, 경험 자체가 없다.

현대자동차 노동조합은 지부 규정에 단체교섭위원을 10명 이상으로 한다고 정하고 있다. 단체교섭위원이 10명이 될 수도 있고 그 이상의 인원이 될 수도 있다. F는 교섭위원에 여성 간부가 들어가는 것으로 명문화할 것을 요구하고 있다.

F　"올해 33명이 있으면 1명 더 해가 34명 해주지, 내까지 포함해서?" 그러니까 장하시다고, 이제 "여성실장이 여성(교섭)위원까지 자리 욕심이 있냐?"면서… 뭔가 자기 권력을 나눠주는 것처럼 생각을 하기 때문에… "문구를 안 넣어도 내년부터 여성실장님 무조건 넣어드릴게요" 이런 얘기를 하죠. 근데 명문화 안 하면 다른 집행부에서는 어떻게….

여성 간부에게는 교섭권을 부여하는 대신 다른 역할이 주어졌다.

A　뭐 문건을 만든다든가 피켓 같은 그런 거. 정세 분석을 하거나 그거는 뭔가 더 남성 동지 위주로. 더 똑똑해 보이는 혹은 그

런 것들은 더 많이 알거나 정보를 갖고 있는 사람들이 하고, (여성들은) 그렇지 않은 일들을 더 많이 했죠… 사실 그런 일들이 많이 주어지고 또 그런 일들을 통해서 싸울 수밖에 없는 것들도 있었어요. 그때 당시에 활동 풍토가 헌신성을 굉장히 많이 요하니까, 그런 활동들이 더 여성의 눈으로 많이 보이잖아요.

예를 들면, 파업을 하면 남성들은 그냥 파업에 가고 술 먹고 막 이런 건데, 따뜻한 핫팩이나 선전물이나 이런 걸 하나라도 하는 건 여성들한테 더 많이 보이기도 하고. 우리가 그런 걸 많이 하면서 참 대단하다 이런 평가도 많이 처음에 받잖아요. 그게 좋아가지고 또 열심히 하기도 하고 혼재돼 있었지.

노동조합 안에서 여성 간부에게 '돌봄'과 '살림'을 요구하는 것은 일상 시기에만 해당하는 게 아니다. 평상시는 말할 것도 없고, 노자 간 극도의 갈등과 대립으로 충돌하는 파업 현장에서도 여성은 파업 대오가 먹을 밥을 챙기고, 나누고, 반찬을 마련하는 역할을 맡아서 했다.

J 노동조합도 그렇고 간부들도 그렇고. 어 그리고 또 회의나 모든 체계가 다 남성 위주로 되어 있었고. 여자는 그냥 보조 역할, 말하자면 저기 파업을 하더라도 여성부장 그러니까 여성부장은 뭐를 할 것 같아요? 밥하는 거 신경 써주는 거야, 찬거리. 남성 조합원이랑 같이 움직이긴 하지만 그걸 주도하는 거

는 여성부장이 했던 것 같아요. 그래서 전 조합원들 이렇게 밥 분배해가지고 이렇게 김치는 몇 포기 해서 그쪽 다 각 선거구별로 나눠주고 막 그런 거 있잖아요. 그거 여성분이 했어요. 파업 투쟁 승리 후 남성들은 만만한 여성들에게 커피나 간식을 챙겨줄 것을 요구하기도 했고요.

여성 사업장의 경우 여성 대표성은 당연한 것으로 그 권위를 인정받고 있을까? 여성 사업장의 지부장인 L은 타임오프로 전임자를 1명만 둘 수밖에 없는 조건에서 만약 지부장이 새로 선출된다면 신임 지부장이 과도한 업무 부담을 인계받을 수밖에 없는 현실을 고민했다. 결국 "하던 사람이 하는 것으로" 결정하였고 L은 다시 선거에 출마하였다. 그렇지만 여성 사업장에서 장기간 단위노조의 지부장을 맡아온 L조차도 조합원들이 여성지부장에게 느끼는 아쉬움이 있는 것 같다고 말한다.

L   조합원들은 아직까지도 인식이 그런 것 같아요. 남자 지부장이 할 수 있는 역할과 여자 지부장이 할 수 있는 역할을 본인들이 그걸 경험하지 않았는데도 그냥 그렇게 생각을 하는 것도 있어요. 그니까 지부장이 남자가 섰으면 좋겠다고 생각하는 사람들도 있어요.
     (여성지부장이 못하는 거는 어떤 거라고 생각할까요?)
     소리치는 거. 그러니까, 남자들은 일단 지르고… 일단 원장 방가서 질러놓고 그다음에 조직해보고 이렇게 하는 그게 좀 다르다는 느낌이 있는데….

L은 십 년 동안 단위 사업장의 지부장을 맡았다. 남성 지부장처럼 "세게 큰소리를 질러놓고" 시작하지 않아도 현장에서 지도력을 승인받았기 때문에 지부장으로 장기간 역할할 수 있었다. 여성 지부장의 한계를 남성 지부장의 표현 양태를 근거로 지적하는 것은 "남성적 기질에 대한 숭배와 여성적 기질에 대한 폄하를 내포"[39]하고 있는 것이다. 여초 사업장의 여성 조합원들조차 바람직한 지도자, 기본적인 지도자의 상을 '남성'으로 전제하는 성 편향적 생각을 가지고 있다.

젠더 이슈가 불편한 노동조합

작업장 민주주의는 자본의 일방적 과업 지시와 간섭이 관철되지 않고 작업 영역에서 노동자가 자율적 목표 설정과 작업에 대한 통제 권리를 확보할 때 가능하다. 노동조합 민주주의는 노동조합 집행부, 간부 중심으로 의사를 결정하거나 사업을 집행하는 것이 아니라 현장 조합원의 요구와 참여가 보장될 때 확보될 수 있다. 노동조합 간부의 구성과 운영에 다양한 정체성의 조합원들이 참여할 수 있어야 하고 그들의 주장을 물질화할 수 있는 수단이 제공되어야 한다. 남초 사업장, 남성 중심의 노동조합 조직에 여성이 참여할 수 있는 공간을 보장하고 여성 참여를 극대화할 수 있는 다양한 방법을 시도하고 필요한 자원을 배분해야 한다. 여성 사업 담당자의 활동 보장, 사업 부서의 독립성 보장, 여성위원회의 설치, 노동조합 각 기구와 위원회에 여성할당제 도입, 여성 사업 재정 확대, 여성 조합원 당면 요구 확인 등을 예로 들 수 있다. 현실에서 노동조합은 여성 노동자를 조직하여 노동조합 내 젠더 민주주의를 상향시키고자 하는 노력을 얼마만큼 하고 있는가? 그 주체는 누구인가?

건설 현장에서 '조합팀장'은 조합원인 건설노동자들로 구성된 도급팀의 팀장이다. 팀장은 노동자의 건설 현장 투입 여부, 곧 취업의 지속을 결정하는 권한을 갖기 때문에 매우 막강한 힘을 행사할 수 있다. 노동조합 여성 사업 담당자가 양성공을 성희롱한 조합팀장 징계를 주도적으로 추진하자 노동조합 내부에서는 이 여성활동가를 배제하려는 남성 연대의 흐름이 만들어지기도 했다.

E   여성에 대한 혐오 발언들이 막 조직 내에서 나왔어요. 여성위원회를 출범한다 그러니까 "무슨 여성위원회를 출범해?" 이런 식으로. "그런 게 왜 필요하냐?" 이렇게 공격하는 얘기들이 막 나왔고, 사실은 여성 사업 했을 때 제가 주로 해왔으니까 제가 타깃이 된 거예요… 전에 현장에서 조합팀장이 양성공을 성희롱한 사건이 있었어요. 그 성희롱을 했던 사람이 사실 징계를 받았거든요. 징계를 해야 한다고 주장한 건 저였을 거 아닙니까? "이런 건 징계해야 한다" 이렇게.

여성활동가들은 직장 내 성희롱의 피해자를 지원하는 역

할을 할 뿐만 아니라 노동조합 안에서 발생한 성희롱 문제를 해결하는 핵심 주체이기도 하다. 조직 내 성폭력을 조사하고 징계를 요구하는 의견을 적극적으로 제출하는 과정에서 노동조합 내부의 이해관계로 인해 공격을 받는 처지에 놓이기도 한다. 여성활동가 본인이 조직 내 성폭력 피해자로서 문제를 공론화하자 '정파적 의도'에 의한 고의적 문제 제기라고 의심을 받고 피해자인데도 노동조합으로부터 외면을 당하기도 하였다. G는 2004년에 금속노조에 조직 내 성폭력을 처음으로 제소했다. 당시 사건은 피해자 인정과 가해자 징계, 2차 가해를 인정하고 징계하는 내용의 금속노조 내부 규정 개정 등으로 마무리되었다. 그런데 G는 2010년에 또 한 번 성폭력 피해자가 되어 금속노조에 문제의 해결을 요청하였다.

G   이제 언어 성폭력, 나한테 "씨발년아" 이렇게. 언어 성폭력을 최초로 제소해서, (남자들 입장에서는) 그 정도는 욕도 아니고, 많은 조합원들에게 "씨발년아" 이런 정도는 그냥 술 먹으면 할 수 있는 건데, 그걸 성폭력이라고 문제 제기했던 사건이 있었어요… 그 사건 이후에 뭘 하게 되냐면 제가 무슨 각성을 하냐면… 웬일이니, 언어 성폭력 피해자가 됐는데 웬일이니 2차 가해가 그때랑(2004년) 똑같애.
(언어 성폭력이 성폭력이라는 걸 인정하지 않는 건가요?)
그렇죠. "정파 관계에 의해서 걔(가해자) 죽이려고 그런다. 그리고 그게 무슨 성폭력이냐?" 이러면서 막 자기들끼리 연서명도 하고 난리가 났어, 남자애들이. 어머 어머 얘네 뭐야, 그래서 그때 사실은 운동을 한번 관둘까 생각을 해서 나 이까짓 것들하고 지금 운동하고 싶지 않네… 이때 힘들었던 핵심은 성폭력 때문에 힘든 게 아니라 내가 동지라고 승인하는 얘네가 시간이 지나도 똑같아. 하나도 변하지 않아. 동지에 대한 2차 가해가 똑같아. 어떻게 이럴 수가 있지, 왜 하나도 나아지지 않지?

남성 중심적 조직에서 여성이 제기하는 성폭력 문제는 '성폭력 문제' 자체로 인식되지 않는다. 정치적 목적과 조직적 이해관계에 의해 제기된 문제로 호도되면서 피해자는 사건의 중심에서 가려진다. 노동조합과 가해자가 속한 정치 조직은 피해자와 피해자가 제기한 문제에 주목하기보다 '폭로하는 시점 자체에 내포되었다고 해석되는' 정치적 의도, '폭로'가 몰고 올 후폭풍의 영향과 이해득실을 따지기에 급급한 행태를 반복해왔다. 달을 쳐다보기는커녕 달을 가리키는 손가락의 떨림과 상처조차 주목하지 않았다.

2022년 9월 14일, 지하철 역사에서 일하던 노동자가 업무 중 살해당했다. 정상적 업무 중이던 노동자를 잔인하게 살해한 가해자는 장기간 피해자를 스토킹으로 괴롭혔던 직장 동료였음이 곧 드러났다. 노동자가 작업장에서 안전하게 노동할 권리와 직장 내 성폭력의 문제가 교차하는 중대한 사건이었다. 여성 노동자들은 사건의 본질을 즉각적으로 파악하였다. 신당역에서 발생한 사건을 "여성을 향한 젠더 폭력이고 안전하게 노동할 노동자의 권리가 침탈당한 사건"으로 규정하고 입장과 요구를 제출하였다.* 민주노총 산별, 여러 곳의 단위 사업장 노동조합과 여성위원회 명의로 "여성 노동자가 일터에서 살해당했다"**는 분노를 담은 성명서가 연이었고 공동 대응하는 연대가 조직되었다. 그러나 피해자가 속한 작업장의 노동조합은 신당역 사고에 정면 대응하지 않았다. 여성 노동자들은 노동조합의 미온적 태도에 "여자라서 죽었고, 젊은 여성 노동자의 죽음이어서 외면당했다"라고 분노했다. 산별노조의 여성위원회와 외부 단체들이 연대하여 추모제를 진행했고 재발 방지 대책을 요구하는 집회를 조직하였다. 노동조합은 추모제와 집회에 형식적으로 결합하는 데 그쳤다.

　노동조합 역사에서 작업장에서 조합원이 사망한 일은 과거에도 수차례 있었고, 노동조합은 그 상황을 극복해나가는 능동적 주체로 역할했다. 투쟁의 결과로 산업재해 승인을 받았고, 노동자 정신건강센터 설립, 인력 충원 합의, 노동자들의 복지 대책 등 성과를 만들어왔다. 그러나 신당역 사건의 경우에 노동조합은 애매한 입장과 태도로 일관했는데, 명분은 "유족들이 언급을 원하지 않는다"였다. 현장의 직원들이 피해자를 추

---

* 「고인의 죽음을 애도하며 우리는 요구합니다」, 서울교통공사노동조합 책읽는여성노동자모임, 2022.09.15.

** 신당역 스토킹 살해 사건에 분노하고 피해자를 추모하는 '여성 노동자가 안전한 일터를 위한 침묵시위'에서 사용된 구호이다.

모하고 애도할 수 있는 형식과 절차를 회사에 요구하자 회사가 거부하는 명분으로 내세운 것과 동일한 평계였다. 회사와 유족은 노동조합의 중재로 합의했고 유족이 장례를 치른 것과 동시에 노동조합은 부담을 벗었다.

작업장 내외부에서 구조적 성차별이라는 광범위한 지적, 시급한 법률적 보완과 가해자 처벌 강화가 필요하다는 요구가 쏟아졌다. 2인 1조로 작업장 안전을 강화하고, 조직 실태조사를 실시하고 성평등한 조직문화로 전환해야 한다는 여론이 형성되었다. 그러나 노동조합은 소극적 태도로 일관했다. 그것은 노동조합이 성폭력은 구조적 성차별과 불평등한 권력관계의 산물임을 명확하게 인식하지 못하기 때문이었다. 노동조합 강령에 '노동재해 추방'과 '성평등 실현'을 쟁취하는 것을 명문화하고 있지만 공허한 문구에 불과했다. 그리고 노동조합을 주춤거리게 한 몇 가지 요인이 더 있다.

첫째, 노동조합은 '젠더 폭력'이라는 규정이 작업장 내 젠더 갈등을 유발한다며 이 사건이 '직장 내 성폭력'임을 인정하려 하지 않았다. 둘째, 피해자가 조합원이 아니라는 것은 노동조합의 부담을 덜어줬다. 이는 조합주의의 연장으로 볼 수 있다. 자기 집단의 직접적 이해관계에만 반응하는 것이 조합주의다. 조합주의는 조합원의 시야를 좁히고 단기적 이익에 급급하게 한다. 노동조합 내부에서조차 직종별 이기주의가 발동하여 피해자가 일했던 직능 외의 직능에서는 조합원 추모를 조직하지 않았다. 셋째, 그동안 반복해온 노동조합 관행의 연장이다.

노동조합은 사용자와의 갈등을 회피하고 타협하는 데 익숙해졌을 뿐만 아니라 조합 내부의 의견 충돌도 회피해왔다.

편협한 조합주의로 인해 노동조합의 역할을 외면한 또 다른 사례로 '콜센터 노동자 정규직화' 추진을 들 수 있다. 콜센터 노동자 정규직화 논의가 시작되자마자 정규직 노동자들이 콜센터 노동자들을 향해 인신공격을 퍼붓고 혐오 발언을 쏟아냈다. 갈등은 극단적으로 변했다. 본사 건물에서 근무했지만 콜센터 노동자들은 구내식당도 카페도 이용하지 못하고 정규직 노동자들과 접촉을 피했다. 그리고 연이어서 비정규직 콜센터 노동자들이 퇴사했지만 노동조합은 '콜센터 노동자의 직고용' 관련하여 아무런 행동도 하지 않았다. 적극적으로 "직고용해야 한다"라는 입장도 아니었고, "반대한다"라는 입장도 아니었다. (노동조합이 선택할 수 있는 입장은 아니지만, 아무런 입장도 취하지 않음으로써 결과적으로 노동조합은 콜센터 노동자 직고용을 외면하였다.) 노동조합은 서울시가 주도하여 2017년에 1,600여 명의 비정규직을 정규직화한 이후 노동조합이 겪었던 혼란*이 되풀이될 것을 우려하였다. 그러나 C는 예전에는 "조합원이 있어야 조합도 있지 않나"라고 생각했는데 지금은 생각이 달라졌다고

---

* '비정규직의 정규직화'에 반대하여 정규직 조합원들이 대거 탈퇴하였다. 탈퇴의 가장 큰 명분은 공정하지 않다는 것이었고 거기에 노동조합이 동조했다는 것이었다. 특히, 청년 조합원들의 탈퇴가 대규모로 이루어졌고, 새로 입사하는 조합원들은 노동조합에 가입하지 않았다. 지금도 상황은 크게 다르지 않다. 신규 직원은 비조합원 상태로 있거나 청년 직원들이 중심이 되어 만든 노동조합(제3노조)에 따로 가입하고 있다.

이야기한다.

C   이렇게 입장도 없는 게 노동조합이냐, 그렇다고 해서 우리가
    조합원을 지킨 것도 아니고. 어차피 우리 무기계약직 정규직
    화를 한 번 거쳤고… 그냥 우리 입장 명확하게 밝히고 우리는
    정규직화한다, 이렇게 정정당당하게 (조합원을) 설득을 하는
    데 오히려 더 집중을 해야 되지 않겠나 하는 생각을 해요… 노
    동조합이 정체성이라도 명확해야 그래도 개중에는 "아, 그치.
    노동조합은 저래야지" 하면서 올 수 있지.

    여성활동가는 의식의 변화를 경험하고 있는데, 노동조합
은 정체 상태에 있다. 젠더 폭력에 대한 무지와 무관심, 임금협
상을 앞두고 있다는 단편적 상황 인식으로 노동조합은 직면한
상황에 주도적으로 개입하지 않았고, 해결을 위한 투쟁도 전혀
조직하지 않았다. 노동조합의 과제로 인식하지 않았기 때문에
"노동조합이 보이지 않는다"라는 여성 노동자의 호소를 노동조
합이 고려할 가능성은 없었다. '성 중립적인 노동조합'은 허구
적 이상이다. 이 허구적 이상은 노동조합 안의 가부장제에 대
한 인식을 차단한다. 또한 이는 여성문제에 대한 여성 조합원
들의 인식을 더디게 하고 남성들의 무지를 정당화한다. 그 과
정에서 현실에서는 성차별이 지속되고 있지만 그것을 노동조
합의 공식적인 담론으로 표출하지 못하게 하는 메커니즘이 구
조화되고 있다.

한편, 노동조합과 다르게 현장에서 이 투쟁에 지속해서 연대하고 함께 자리를 지킨 '남성활동가들'이 존재했다. 관료화, 관성화된 노동조합 활동에 문제를 제기하고 조합원 중심의 현장 민주주의의 복원을 목적으로 하는 활동가 그룹에 속한 남성활동가들이 그들이다. 이 그룹은 수적으로 소수이고 작업장에 미치는 영향력이 미미하지만, 노동조합의 가부장성과 작업장의 위계 구조를 타파하고자 하는 여성 노동자들이 연대를 모색할 수 있는 유일한 세력이기도 하다.

가족: 활동가 정체성의 '시험장'

'제도로서의 가족'은 체제의 재생산을 위해서 꼭 필요하다. 가족을 재생산하라는 국가와 자본의 요구는 강화되고 있다. 그런데 가족은 이미 해체되었다. 말하자면, 혈연에 기반한 정서적 공동체라는 관계적, 내용적 기능으로서의 가족은 해체되었다. 연대와 정적 유대에 기반했던(기반한다고 전제했던) 가족은 오늘날 화폐 중심성이 강화된 사회를 고스란히 반영하여, 가족관계에도 직접적인 경제적 이해관계에 기초한 개인주의가 증대하였고 친밀한 가족관계는 약화되었다. 그런데도 가족제도의 역할과 기능은 근본적으로 바뀌지 않았다.

여성은 결혼과 출산을 더 이상 '필수'적인 생애 역할로 인식하지 않는다. 국가와 자본이 천문학적인 액수의 돈을 쏟아부으면서 해결해야 한다고 아우성치고 있는 '저출산'의 문제는, 노동시장에서 여성 노동자 다수가 비정규직 노동 외 다른 선택지가 없는 여성 노동의 불안정성과 성차별을 경험하면서 결혼과 출산을 '선택적 행위'로 판단한 결과이다. 70년대 여성 노동자의 경력단절(결혼퇴직제의 관행으로 가정으로 돌아가고 고용시장에서 퇴출당하는 것)은 사회적 문제로 대두되지 않았던 반면에, 2000년대 이후 여성 노동자의 경력단절(출산과 육아로 인해 고용시장에서 밀려나고 재진입하지 못하는 것)은 개인적, 사회적으로 매우 심각한 문제가 되었다. 여성의 위치와 조건이 변화한 것이다.

오늘날 여성에게는 결혼, 임신과 출산에서 제한적이고 부분적이지만 자율성을 행사할 수 있는 여지가 생겼다. 앞으로 가족과 양육의 문제는 지금까지 여성활동가가 직면했던 조건과 달라질 수 있다. 일터에 육아휴직, 가족간병휴직, 자녀돌봄 휴가 등 양육과 돌봄을 위한 다양한 지원체계들이 도입되고 있다. 제도를 이용하는 동안 보전되는 임금의 수준도 상향되고 있다. 모든 노동자가 이 제도들을 자유롭게 사용할 수 있는 환경은 아니지만 여성 노동자들은 다양한 지원을 일정 부분 받을 수 있다. 그러나 현실에서 다중적 역할을 수행하는 여성활동가들이 직면하는 부담이 당장 해소되지는 않을 것이다. 작업장에서 일하는 노동자, 노동조합 또는 현장을 근거지로 삼아 여성 노동자를 조직하고 여성 사업을 실천하는 여성활동가, 그리고 가족 안에서의 역할 수행이라는 중층의 무게는 여전하기 때문이다.

남성활동가와 여성활동가를 비교할 때 노동자, 활동가로서의 역할 수행은 다르지만 공통점도 많다. 그런데 남성활동가와 다르게 여성활동가의 경우 작업장에서 노동을 계속하거나 노동조합 간부, 현장활동가로 역할하는 데 가장 부담으로 작용하는 것은 바로 가족 안에서의 역할 수행이다. 가족은 여성들이 활동을 지속하는 데 중요한 조건으로 작용하기도 한다. 특히 여성활동가의 활동을 가장 결정적으로 바꾸어놓는 조건은 '결혼'이다. 기혼인 여성과 남성이 같이 활동할 경우 대부분의 여성은 가족을 지키면서 남편이 일을 할 수 있도록 배려 아닌

배려를 하게 되고 이러한 상황이 지속될 경우에는 여성, 남성 모두 활동을 하지 않게 되기도 한다.[40]

나는 '현장활동가'로 자신을 규정했던 여성활동가들이 결혼과 육아 문제로 결국 활동을 정리하는 사례를 여러 번 목격했다. 여성활동가에게 가족은 답이 아닌 문제로 영향을 미쳤다. 여성활동가가 앞으로도 활동을 지속할 수 있는가, 중단할 것인가는 가족 내 역할 분담과 갈등, 지지의 정도에 따라 결정되었다. '활동가'로 인정받고 가족의 협조를 얻는다면 지속적 활동이 가능하지만, 가정 안에서 여성의 역할에 충실할 것을 강요받거나 다른 압박이 없더라도 '독박'으로 돌봄과 살림을 떠맡게 되는 경우 활동을 지속하는 것은 불가능하게 된다.

내가 현장에서 활동을 시작한 90년대 중반 당시의 운동 풍토는 활동가가 자신의 모든 것을 활동에 '몰빵'할 것을 요구하였다. 중도 탈락이든 포기든 정리든 활동을 접는다는 것은 운동가로서 신념이 느슨해진 것이고, 애초에 철저하지 못했던 운동관이 나타난 것이라는 냉혹한 비판이 가해졌다. 나는 '어떤 조건이더라도 나의 의지로 활동을 정리하지는 않겠다'라고 다짐했는데 지금의 시각으로 보면 전혀 바람직하지 않은 태도였다. 노동 현장의 모든 문제는 노동자가 집단적으로 뭉쳐서 함께 고민하고 조직적으로 해결해야 한다고 주장하면서 정작 자신이 직면하는 현실적 어려움은 활동가 개인의 오기와 헌신으로 감당하겠다고 하다니. 매우 비조직적이고 관념적 태도였던 것이다. 또한 성별 분업구조가 강제하는 남녀 역할 분담과 공사 영역 분리를 수용한 상태에서 사적 역량으로 돌파하고자 하는 개인적이고 반여성적인 태도였다.

특히 나는 남초 사업장에서 유일하게 존재하는 여성활동가로서 임신, 출산, 양육이라는 여성성이 극명하게 드러나는 역할 수행을 이유로 활동을 정리하는 것은 '여자는 어쩔 수 없어'라는 고정관념을 강화할 것이라고 생각해 극도로 경계했다. 그래서 가사노동과 육아를 감당하기 위한 수단과 방법을 가리지 않았고, 가용할 수 있는 모든 자원을 동원하여 활동을 이어갔다. 단체협약에 모성보호 규정으로 1년의 육아휴직이 명시되어 있었지만, 장기간의 활동 공백은 활동가로서 성장이 지체되거나 감각이 무뎌질 수 있다는 판단으로 2개월만 사용하고 남은 휴직 기간은 배우자에게 사용할 것을 요구하였다. 육아에서 느끼는 고립감과 부담으로부터 회피하고 싶은 마음도 컸다.

그렇지만 내가 현장에서 한시도 떠나고 싶어 하지 않는 것과 상관없이 간부로 활동하면서 조합원들에게 그 당시 가장 많이 들었던 말은 "이러고 다니는 거 남편은 알고 있냐?", "밥은 할 줄 아냐?", "애는 누가 보냐?", "집에서 쫓겨난다"라는 말이었다. 조합원들은 쉼 없이 나에게 사회의 지배적 성역할을 주지시켰고 가정으로 복귀하여 여성에게 주어진 아내, 엄마, 재생산 수행자의 역할에 충실하라고 다그쳤다. 조합원들은 여성이 임금노동을 수행하기 위해 일터에 나와 있는 시간 외에 여성 스스로 선택하고 기획한 시공간에서 능동적으로 행위하는 것을 낯설어했고 부정적으로 바라봤다.

동료인 여성 노동자들도 다르지 않았다. 내가 노동조합 간부, 활동가로 실천할 수 있는 것은 가사노동을 하지 않아도 되어서, 의식주와 관련한 아무런 제약을 받지 않아서라고 임의로 판단하였다. 본인들은 아이를 돌봐야 하고, 가정 일을 하는 것만으로도 시간이 부족해서 다른 일을 할 수 없다는 것이다. 나는 퇴근 후 아이를 돌보고 집안일을 서둘러 처리해놓고 배우자나 다른 가족과 아이 돌봄을 교대한 후 다시 현장에 가는 일이 빈번했다. "나는 3교대 노동자"라고 자조하기도 했고, 유아기 내내 회의와 집회에 동행했던 아이가 마침내 "가지 않겠다"라고 선언했을 때는 "엄마 잘못 만나서 애가 고생"이라는 주변의 비난을 감수해야 했다.

기혼이거나 돌봐야 하는 가족이 있는 여성활동가들은 나와 마찬가지로 가족과 갈등하고 일정 부분 타협 지점을 만들면서 활동을 이어나가기 위해 고군분투했다. 물론 가족의 전폭적인 지지를 바탕으로 활동하는 경우도 있다. 비혼인 활동가의 경우는 가족과 특별히 마찰을 빚거나 시공간의 제약을 받지 않고 상대적으로 자유로운 조건에서 활동을 지속하는 게 가능했다.

협상과 타협, 진행 중인 갈등

여성활동가의 활동을 제약하고 압박하는 근원적인 가부장적 구조는 가족에 있다. 가부장제 이데올로기에 기반한 성별 역할 분담과 이를 둘러싼 갈등은 활동가 부부 사이에서도 심각한 충돌 요인이 된다. 가사의 분담, 자녀 양육과 돌봄노동은 자연스럽게 분담되거나 평등하게 수행되지 않는다.

현재 50대 초반인 E는 "아이를 임신했을 때부터 낳아서 몇 년, 그 사이는 정말 사람의 바닥을 보는 시간"이었다고 말하였다. 같은 활동가인 남편은 일을 우선시하였고 본인은 가사를 도맡으면서 조합의 일을 해내는 게 너무 고단하고 버거웠다고 한다. 다행히 지금은 배우자와 자녀 돌봄, 가사 분담을 원만하게 분담하여 활동을 지속해나가고 있다.

E   우리 남편이 큰아들이고 그 집에 어쩌다가 장손이 됐어요⋯ 어머니가 편찮으셔서 가봐야 되는데 잘 못 가요. 나쁜 며느리인데 사실 저는 제 본가에도 별로 못 가요. 양쪽에 다 그러니까 저는 그것 때문에 제가 미안해야 된다고 생각하진 않는데 농담처럼 나를 그냥 **"사위 봤다고 생각하시라"**고.

F는 "기능학교 들어가고, 현장에 들어가면서 노조라는 것을 새롭게 알게 되고, 노조에 대해서 공부도 하고 이런 것들이 정말 신세계에 들어온 것"과 같았고 자연스럽게 노동조합 상근 간부인 여성위원장을 맡게 되었다. 가족들은 "노동조합은 노동자가 지키는데 우리 가정은 누가 지키냐"라고 불만이지만, 살림과 육아는 "거의 남편이 하고 있다." 그렇지만 가족과 활동 사이의 조율은 여전히 진행형이다.

F 온 가족이 같이 있는 걸 좋아하는 것 같더라고요. 이렇게 주말
   같은 때도 나와야 되고 수련회 같은 데 뭐, 1박 2일 밖에(서)
   돌아다녀야 되고 이러면 그거에 대해서 좀 불만을….

목적의식적으로 현장에 들어와서 활동에 전념하기 위해
아이를 갖지 않은 A는 남편 역시 현장활동가이므로 두 사람 사
이의 성평등 지수가 평균보다 높겠지만 그런데도 계속 충돌 중
이라고 말하였다. A의 배우자는 성평등을 지향한다. 여성 또한
능동적 행위자이자 실천의 주체로 존재해야 함을 강조한다. 그
러나 구체적 가족관계에서 발생하는 살림과 돌봄은 주로 A가
떠맡아야 했다. 가사노동과 가족관계의 관리와 보살핌은 "나도
안 하고 너도 안 하는" 공평한 방관으로는 해결되지 않는다. 누
군가는 반드시 수행해야 삶이 순환되고 관계가 유지된다. 이처
럼 남녀에게 다르게 기대되는 전통적 성역할은 성평등 의식이
높은 남성 개인의 호의와 선택에 기대어 바꿀 수 없는 사회적
으로 누적된 관계이고 '구조'인 것이다.

A 신랑은 더 전투적인 사람이거든요. 그래서 저한테 막 부부 간
   에도 투쟁을 해야 된다, 네가 불만이 있거나 부당하거나 불
   합리하면 나를 상대로 싸워야 된다 이런 얘기를 많이 했어요.
   "왜 싸워? 우린 같은 지향점을 가지고 같이 활동하는 사람인
   데 왜 우리가 싸워?" 그랬는데… 살아보니 그런 게 너무너무

많잖아요, 가정 내에서. 아시잖아요. 하나에서부터 열까지 정말 말만 하고 움직이지 않고. **"하지 마, 너도 하지 마" 이렇게 되면 이제 아쉬운 사람이, 보이는 사람이 더 하게 되고, 밖에 일도 해야 되고.** 집에서도 특별하게 우리가 아이들이 없기 때문에 가사노동이 아주 심각하지는 않아요, 솔직히. 그리고 밥을 잘 해 먹지도 않고… 그럼에도 불구하고, 집안일을 그래도 (제가) 많이 하는 편인 것 같아요… 어른들을 챙기는 거라든가 그런 것도, 그리고 이제 집안 경제 문제 그런 거를 관리를 한다든가 이런 부분들. 그러니까 전세금을 마련한다고 (하면, 남편은) 그게 관심이 없으니까 관심 있는 사람이 하게 되죠. 활동은 같이하는 건데….

J는 결혼 이후 퇴사하고 아이 셋을 돌보는 데 전념했다. "외벌이로는 힘들고 뭔가 일을 해야겠다"라고 고민하다가 셋째 아이가 다섯 살일 때 퇴사했던 회사에 "눈 감고 귀 막고 입 닫고 다니는 조건으로" 재입사를 하였다.

J (아이들 돌보는 거, 집안일은 누가?)
이거 다 제가 해줬던 것 같아요… 밥도 다 해놓고 가면 그것만 차려주고, 설거지해주면 고마운데 안 해도 할 수 없는 거고 거의 그런 생활이었죠… 전 몰랐어요. 그거 저도 그렇게 **집으로 출근하는 건지** 몰랐었는데요… 입 막고 귀 막고 눈 감고 그렇게 다니는 조건으로 들어갔는데, 들어가서 보니 회사

생활도 녹록지가 않은 거예요… 내가 "나 이렇게 회사에서 우리 여자들이 지금 이런 상황이다"라는 이야기를 남편한테 되게 많이 했어요. 그랬더니 그다음부터 이제 남편이 "그러면 너 하고 싶은 대로 해라, 네가 그러면 싸우려면 싸워라" 그렇게 하더라고. 자기가 귀를 막겠다 그러더라고요. 눈을 감겠다, 그렇게 해서 제가 이제 목소리를 내기 시작… 또 그렇게 하다 보니 남편한테도 "아니 자기랑 나랑 똑같이 3교대에 일을 하는데 어떻게 왜 맨날 이걸 다 나 혼자 하냐?"라는 얘기를 했었고, 그래서 조금씩 조금씩 진짜 도와주는 차원… 근데 저는 밥 한 번 해주고 애들이 밥 챙겨 먹고 나면 설거지 한 번 해주고 그리고 청소해주고 그런 것 하나만으로도 되게 고맙고… 그러다 보니 이제 남편하고도 조율이 됐던 것 같아요. 많이 좀 도와줬죠.

J는 결혼 전 다니던 회사에 재입사 후 여성 노동자의 차별적 상황을 겪었다. 분노한 J는 그것을 바꾸기 위해 매우 적극적으로 문제 제기와 실천을 했다. 그리고 작업장에서 여성 노동자의 처지를 자각하고 해결하기 위해 투쟁한 경험을 가정에도 적용했다. '퇴근 후 집으로 다시 출근하는' 여성 노동자의 현실을 극복하기 위해서 우선 가정에서 남편과 협상하고 역할을 조율해냈다. 많은 경우 기혼인 여성 노동자가 가사노동까지 독박으로 하고 있는 게 현실이다. 금속노조 여성 조합원을 대상으로 가사노동 실태를 조사한 결과 배우자와 맞벌이(전일제)하는 경

우에도 84.4%의 조합원은 본인이 집안일을 가장 많이 한다고
답했으며, 배우자가 현재 파트타임이나 부업을 하는 경우에도
여성 조합원 본인(57.6%)의 가사 부담이 더 강한 것으로 나타났
다.[41] 이것은 한편으로 여성 조합원(특히 기혼 여성)의 이중 부담
문제를 여실히 보여주는 결과이며, 다른 한편으로는 일·가족
양립과 이중 부담의 해소를 위해서는 가족 내의 역할 변화가
반드시 필요하다는 것을 의미한다.

지지하고 지원하는 가족

여성활동가의 실천을 가족이 전폭적으로 돕고 응원하고
동행하는 경우도 있다. '가족의 지지' 자체가 가족주의에 기반
한 현상이라는 것은 명확하다. 그렇지만 가족이 여성활동가의
실천을 통제하거나 무관심한 경우보다 가족의 협조가 절대적
인 경우 여성활동가가 가족 내부 역할 수행에서 자율성을 발휘
할 수 있는 여지가 훨씬 많아진다. 활동 면에서도 더욱 대범하
고 지속적인 실천이 가능해진다. B와 G의 경우이다.

B   가족들이 제가 활동하는 거에 대해서 다 동의하시고 지지하시
     고. 예를 들면, 지난 2016년 파업* 때 제가 76일 동안 한 번도
     집에 가본 적이 없거든요. 거의 그냥 그런다고 그렇게 생각해
     요. 시댁 쪽에 큰형님이나 제 동생들이 제가 만약에 그런 일이

* 2016년의 연대파업을 말한다.(74쪽 각주 참조)

생기면 아이 육아를 같이 해주죠. 남편도 그런 거에 대해서 많이 도와주고 있고, 그냥 그런 쟁의나 파업 때는 그냥 저는 없는 걸로 당연하게 생각하고 있고요. 지금도 이제 조직쟁의실장 하다 보니까 사람도 많이 만나고 술자리도 많고 늦게 가거나 안 들어가기도 하는데 그런가 보다 해요.

G 보궐선거 (출마) 제안을 받고 나서 제일 먼저 신랑한테 물어봤었죠. "제안이 있는데 나 어떡할까?" 그랬더니, "해" (하더라고요.) 선거운동할 때 10시간 내가 막 어디 간다 그러면 자기가 조퇴하고 나와서 운전해주고, 경기지부 선거를 하러 가는데 이 동지(남편)가 피켓 들고 서 있고. 둘이 갔어요. 서 있고 내가 막… 저는 이런 이런 유세를 딱 하고 나니까 다른 동지를 이 쳐다봐서, "근데 같이 오신 동지도 인사하시죠?" 하니까, "저는 현대자동차 지부에 조합원 ○○○입니다" 이렇게… "○○○ 동지와 같이 사는 사람이고 배우자다." 다들 뒤집어졌죠. "뭐라고요?" 이러면서 다들 깔깔깔 웃고. 둘이 선거운동을 하러 왔으니까… "비정규직 투쟁하면서부터 십몇 년을 ○○○ 동지를 봤다, ○○○ 동지만큼 금속 여성부위원장을 잘할 수 있는 사람은 없다" 이렇게 멘트를 날린 거예요… 여성이 부위원장 나왔다고 남편이 선거운동 같이 하고 다니는 게 흔한 그림은 아니잖아요? 지원을 해주니까 활동을 하지만… 계속 징징거리죠.

기혼의 여성활동가들은 "결혼은 남자랑 하는 게 아니라 가부장제랑 하는 거여서 가부장제와 매 순간 타협의 순간은 있지만" 한편으로는 가부장제가 제공하는 생존과 쉼을 토대로 활동을 유지하고 있기도 하다. 그렇지만 가부장제는 기본적으로 남성 우위의 지배 구조이다. 성별 분업구조는 남녀 공평한 역할 분담이 아니라 남성을 중심으로 구획된 제도와 질서를 지속하는 것을 목적으로 한다. 성별 분업구조의 고통은 여성에게, 여성활동가에게 더욱 가중된다. 그렇기에 여성 노동자와 여성 활동가는 자본주의의 성별 분업구조에 대해서 냉철하게 인식해야 한다. 성별 분업구조에 대한 인식은 여성의 삶의 태도, 신념을 결정짓는 핵심이다.

연대와 돌봄으로 확장하는 새로운 관계

여성 사업장 노동조합 지부장으로 오래 활동해온 L은 가사 부담을 덜고 활동의 정당성을 인정받는 데 동료인 여성 간부들이 큰 힘이 되었다고 말했다.

L   어느 지부장이든 가사 일은 아마 조금 덜 할 수밖에 없을 거예요. 여자든 남자든. 저 혼자만의 일이었으면 뭐 그렇게까지 하냐고 (신랑이) 했을 건데, 저 같은 경우는 간부들이 저희 신랑하고 너무 친해지니까 그런 것들에 대해서 늘 전화를 해주죠. 신랑한테. 간부들이 신랑이랑 되게 친합니다. 제가 무슨 일이 있어서 늦으면 "형부" 이러면서 전화하죠. 그게 아니었으면 아

마 트러블이 되게 많이 있었을 거예요. 그런데 이제 "지부장님 저기 가서 오늘 좀 늦을 거예요"라든지. (말을 해줘요.) 보면 결혼을 하고 그만두는 사람들이 있어요. 왜냐하면 남편이 이 업무를 싫어해서.

L과 동료 여성 간부들은 자신들이 형성한 친밀한 관계를 서로의 가족과 함께 공유했다. 서로 친밀하고 신뢰했기 때문에 다른 가족들이 여성 간부의 바쁜 처지를 이해하고 조합 활동이 유의미함을 인정할 수 있도록 적극적으로 나설 수 있었다. 동료들과의 연대와 상호 돌봄 속에서 가족의 이해와 배려가 가능했다. 전교조 노동조합 회의실 옆에는 탁아실(휴게실)이 있다. 아이가 낯선 공간에서 불안해하지 않도록 그림책, 장난감들이 놓여 있는 아늑한 공간이었다. 회의에 아이와 동행하는 간부를 고려해서 조성된 곳인데, 간부들이 잠시 휴식할 수 있는 곳이기도 했다. 아이뿐만 아니라 모든 노동조합 간부들에게 유용하게 이용된다. 여성활동가의 실천을 제약하는 가사와 돌봄을 개인의 영역이라고 외면하지 않고, 함께 개입해서 변화를 만들기 위해서는 여성 노동자의 동선과 생활에 더 예민하고 더 민감해져야 한다.

남성 노동자도 물론 성별 분업구조에 의해 고통받는 여성의 현실을 제대로 인식해야 한다. 남성이 기존의 가부장적 태도에서 변화하는 첫걸음은 여성의 가사독박, 돌봄독박을 자신의 것으로 전유하는 것이다. 샤를 푸리에는 "새 역사에서의 변화는

(···) 자유를 향한 여성의 진보에 의하여 결정될 수 있다. 여성 해방의 정도는 일반적인 해방에 대한 자연스러운 척도이다"[42]라고 말하였다. 여성이 변하는 것과 함께 남성도 변해야 현장이 바뀌고 세상이 달라진다. 그러기 위해서는 여성 노동자와 남성 노동자가 함께 연대해야 한다. 성별 분업구조를 전제한 역할 분담에서 남성은 여성을 '배려하고 돕는 것'이 아니라 '새로운 관계를 형성하는 것'이 어떻게 가능하고 어떤 변화를 가져오는지 직접 경험하고 학습해야 한다.

I   육아가 힘든 일이라고 인식하기 때문에 밀어두는 거잖아요. 남자들은 아직도 그래요. 그러니까 저는 얘기를 하거든요, "육아라는 건 아이를 키우는 것만 보면 안 된다." 아이하고 관계, 그러니까 그동안 엄마한테 잠식되었던 **아이와의 관계에 아빠와의 관계를 보완하는** 거고 채우는 거라고.

일·가정의 균형을 위한 대책이 여성이 돌봄도 잘하고 일도 잘할 수 있는 조건을 만드는 방향으로 추진되는 것은 성별 분업구조를 바꾸는 것이 아니라 고착할 뿐이다. 여성 노동자의 육아휴직 기간 연장은 "아이는 엄마가 돌봐야 한다"라는 고정관념을 강화한다. 육아휴직은 부모를 비롯한 주 양육자라면 누구라도 쓸 수 있어야 하고, 특히 남성이 돌봄에 참여할 수 있도록 '부 육아휴직'을 일정 기간 강제해야 한다. 강제적 '부 육아휴직 제도'를 통해 남성의 육아휴직 제도가 예외적 현상으로 여겨지지 않는, 경력 관리에 불이익으로 작동하지 않는 사회적 분위기를 만들어나가야 한다.

나의 경우, 배우자가 2002년 육아휴직을 신청했을 당시 직장에서 선배들은 "애는 너만 키우냐? 왜 유난이냐?", "나는 애 셋이어도 애 낳을 때 한 번도 병원에 가보지 않았다"라는 등의 말로 핀잔하고 거부감을 표시했다. 단체협약에 보장되어 있었지만 당시 남성 노동자의 육아휴직 사용 사례는 찾아보기 어려웠다. 육아휴직 제도 자체보다 이를 활용할 환경적 요인이나 직장 문화가 더 근본적인 문제라는 지적*이 중요한 이유다. 지난 20여 년 동안 남성의 육아 분담에도 변화가 생겼다. 고용노동부에 따르면 2021년 남성의 육아휴직자 비중은 그해 전체 육아휴직자(110,550명)의 26.3%(29,041명)에 이른다. 그러나 "자녀 맞돌봄 문화 확산으로 남성 육아휴직이 꾸준한 증가 추세"**에 있다고 마냥 긍정적으로 분석하기에는 여전히 남성의 육아 분담이 절대적으로 부족하다.

남성 생계부양자 가족 모델이 더 이상 실현 불가능하고 남성의 '돌봄 제공자' 역할이 강화되는 경향이 나타나고 있음에도 불구하고 남성의 돌봄 역할의 강조는 워라밸과 연관해 논의되고 있지 않다.[43] 돌보는 남성성이 헤게모니를 장악하려면

---

* 김진욱·권진, 「아버지들의 육아휴직 경험에 관한 질적연구」, 『한국사회정책』 제22권 3호, 2015, 265-302.

** 「자녀 맞돌봄 문화 확산으로 남성 육아휴직이 꾸준한 증가 추세」, 고용노동부, 2022.04.26.

돌보는 개인이 소위 '워라밸(work life balance, 일과 삶의 균형)'이 가능하도록 사회가 보장할 수 있어야 한다.[44] 전체 노동자의 노동 시간 단축, 남성의 돌봄을 지지하는 사회적 분위기의 조성이 필요하다. 또한 개인과 가족에게 돌봄을 맡기기보다 사회적 돌봄, 시민적 돌봄이 확대되어야 할 것이다. 남녀 상호 고정된 성역할을 허무는 실천, 여성이 남성과 공유하는 돌봄의 유대[45]가 공사 영역을 넘나들면서 이루어져야 한다. 그렇게 되어야 결혼이 남성에게는 '보상'이 되고 여성에게는 '징벌'이 되는 현실이 바뀔 수 있다. 그때 여성활동가 부담의 경감과 가족관계의 변화, 일터와 노동조합 조직의 변화를 기대할 수 있을 것이다.

3부

살아남은
여성활동가들

"여자들이란… 직장에 나와서도 집안일이나 챙기고."관리자가 노골적으로 싫은 내색을 했다. 어느 일터나 해야 할 일은 넘쳐나고 사람은 부족하다. 최소 인원을 쥐어짜서 최대의 성과를 얻겠다고 닦달하니 노동자들은 헉헉댄다. 그 바쁜 사이로 여성 노동자들은 자는 아이를 깨워 등교 준비를 시키고 아이 학원을 챙기고 저녁 밥상을 고민한다. 남성 노동자라고 일분일초도 쉬지 않고 일만 할 수는 없다. 담배도 피우고 잡담도 한다. 그런데 유독 여성 노동자가 업무 도중에 집안일에 신경 쓰고 아이를 챙기는 것은 거슬려하고 못마땅해한다. 공사 구분 못 한다고 타박을 한다. 왜 그런가? 남성 노동자들은 일터에서 하지 않는 일이기 때문이다. 여성 노동자를 쫓아다니는 이중의 역할이 남성 노동자에게는 강제되지 않는다. 여성 노동자는 일터에 나와서도 집안일의 압박을 받지만 남성 노동자는 자유롭다.

남성은 생계부양자이고 여성은 돌봄자, 양육자라는 성역할은 여성 노동자의 현실과 일치하지 않는다. 작업장에서는 남성과 마찬가지로 생계 노동을 하고 작업장 밖에서는 재생산 관련한 노동을 이중으로 감당해야 하는 여성 노동자에게 일터는 '역설적 공간(Paradoxical space)'[46]이다. 여성 노동자가 이중 노동을 수행하는 한 공적 공간과 사적 공간은 교란되고 교류하며 연결될 수밖에 없다. 남성 중심적인 위계와 윤리가 기본으로 작동하는 작업장에서 여성 노동자는 내부자이면서 외부자라는 이중적인 위치에 있다. 특히 압도적 다수가 남성인 남초 사업장은 여성에게 이질적이고 낯선 공간이다. 이 공간에서 여성 노동자는 소수자로서 주변화되어왔다. 공간에 배태되어 있는 권력관계는 여성에게 적대적이다. 그러나 여성 노동자들은 묵묵히 자리를 지켰다. 특히 여성활동가는 여성 노동자의 목소리가 잘 들리고 여성 노동자가 잘 드러날 수 있도록 여성의 자리와 몫을 끊임없이 요구하고 쟁취해왔다. 작업장 안팎을 연결하고 소통하며 누구보다 앞서서 시대의 흐름과 함께해왔다.

보이지 않는 여성 노동자, 튀는 여성활동가

보이지 않는 여성 노동자

남초 사업장은 남성을 중심으로 짜여 있다. 여성 노동자는 극소수이다. 사업장에서도 소수이고 노동조합에서도 소수이다. 작업장에 노동조합이 존재하는 경우 여성 노동자도 조합에 가입한다. 하지만 여성 노동자가 조합원에 머물지 않고 노동조합 활동에 참여하거나 노동조합 간부를 맡는 경우는 많지 않다. 여성 노동자들이 노동조합 활동에 소극적인 원인은 어디에서 찾아야 할까.

노동조합의 현장 간부가 조합원을 만나고 조합원과 함께 사업을 벌이는 것은 일상 활동이다. 내가 현장 간부로서 여성 조합원 간담회, 여성 조합원 체육활동 등 여성 조합원들이 만나는 자리를 만들었을 때 여성 조합원들은 그 자리를 매우 반겼다. 여성 조합원 간담회는 다수 남성 사이에서 한 명의 여성으로 고립*되어 있던 여성 조합원들이 일시적이지만 안전한 분위기에서 동질감을 느끼고 정보를 교류하는 장이 되었다. 그렇지만, '수다'는 '집회 참석'으로 이어지지 않았다. 잔인한 죽임을 당한 동료를 '애도'하고 슬픔을 공유했지만 함께 확인하고 성토했던 분노는 추모의 자리로 모아지지 않았다. 조문객 사이

---

* 작업장의 다수인 남성 사이에서 여성은 소수일 뿐만 아니라 업무, 평가, 승진, 회식 등 직장 생활 전반에 걸쳐서 일상적으로 남성 다음으로 밀려난다. 그 상황에서 여성 노동자가 느끼는 심리적, 구조적 상태를 고립으로 표현하였다.

에서 여성 조합원을 찾아보기는 어려웠다. 권리는 요구했지만 파업에는 동참하지 않았다. 여성 조합원이 노동조합 활동과 실천에 불참하는 이유는 어떻게 해석해야 할까.

B 일 순위는 진짜 육아 문제인데… 우리 여성 조합원들이 집회나 이런 데 참여가 적거든요. 적은 이유는 대부분 육아 문제가 제일 크고, 두 번째로는 근무환경입니다. 공기업이긴 하지만 노동환경이 되게 안 좋아요. 그러다 보니까 여성들이 와도 거의 일을 같이 못 하는 상황들이 발생하는 거죠… (여성은) 오면은 해가 되는 사람으로 인식되는 거예요.

여성들이 육아 문제 때문에 노동조합 활동에 참석하기 어렵다는 해석은 부인하기 어렵다. 따라서 직장이나 노조 일 그리고 가사는 더 이상 별개로 취급될 수 없다. 노조에서의 여성의 대표성 향상을 위해서는 여성의 육아를 통한 이중 부담의 문제가 필연적으로 해결돼야만 한다.[47] 그렇지만 B가 제기한 것처럼 여성의 노동조합 활동 불참 이유에 육아 문제만 있는 것은 아니다. 육아 문제에 직면해 있지 않은 여성 노동자도 참여하지 않기 때문이다. 작업장에서의 안정감과 소통, 노동조합 신뢰의 문제, 노동조합이 여성 조합원에게 어느 만큼 관심을 갖는지가 함께 연관된 것으로 보아야 한다.

B 물론 구조적으로 육아 문제가 있는 이게 꼭 그렇다고 생각하

지는 않아요. 그렇게 보면 여성 사업장들이 투쟁들을 어떻게 그렇게 열심히 할 수 있겠어요?

이게 일종의 핑계가 되고 있다고 생각을 하고, 그 핑계를 대는 여성 조합원들을 우리 현장 간부들이 설득을 못 하는 거지, 설득을 못 하고 조직을 못 한다고 저는 생각하고 있고요. 그래서 여성위가 그런 활동을 해야 된다고 생각해요… 이들이 처해 있는 현실에 공감해주고 같이 이걸 어떻게 할 것인지 (논의하는) 자리들이 만들어진다고 하면, 이런 시간들이 더 많아진다고 하면 좀 나아지지 않을까 생각을 하는데….

이처럼 간부는 조합원 중심의 노동조합 활동을 지향하지만 정작 조합원은 노조 활동에 무관심한 현실적 괴리[48]가 발생한다. 이것은 여성활동가의 역량 문제일 수도 있지만 여성 조합원들이 '여성 조합원으로서' 학습하고 경험해온 결과이기도 하다.

노동조합의 관심은 남성 조합원에게 모아져 있다. 노동조합은 다수인 남성 조합원의 이해를 중심으로 사업을 배치하고 남성 조합원의 요구를 민감하게 받아들인다. 남성 조합원만 잘 조직하면 사업도 투쟁도 파업도 어렵지 않다. 노동조합이 직면한 과제와 노동조합의 핵심 요구는 남녀 조합원을 가르지 않는 노동자 공통의 이해관계에 기반하고 있다고 전제한다. 그렇기 때문에 굳이 여성 조합원을 따로 조직할 필요를 느끼지 않는다. 대공장 조직 노동자가 평균적으로 관철한 단체협약의 '모성보호 조항'은 대부분의 작업장에서 여성 조합원의 노동권을 보장하는 거의 모든 것이다. 노동조합 기구에 여성 사업을 전담하는 조직도 있고 실제 활동하고 있는 간부도 있는 경우라면 노동조합은 적어도 형식상으로는 여성 조합원을 조직하고 노동조합 사업에 참여할 수 있도록 최선을 다하고 있는 것이다.

오래전 일이다. 그 당시에 나는 현장 간부였고 파업을 앞두고 조합원 한 명이라도 더 만나기 위해 아침부터 늦은 밤까지 현장을 돌아다니며 조합원들에게 파업에 함께 가자고 설득했다. 그런데 파업에 돌입한 직후에 나는 여성 조합원에게서 "우리는 어디로 가면 돼?"라는 전화를 받았다. 나는 아무 말도 할 수 없었다. 나는 간부로서 파업을 조직하는 과정에서 여성 조합원에게도 파업에 동참해야 한다고 똑같이 설득했다. 그러나 그들의 참여를 구체적으로 계획하지 않았고 파업지도부에도 확인하지 않았다. 거점을 점거하여 진행하는 파업 현장에 1만 이상의 조합원이 참여했고, 남녀 대오의 구분은 따로 없었다. 대오에서 극소수에 불과했던 여성들은 야간 짧은 취침과 세면을 건물 한쪽에서 따로 해결했는데 여성 조합원의 참여를 고려하여 집행부가 별도로 시설과 장소를 사전에 마련한 것은 아니었다. 노동조합도, 여성 간부인 나도 기본으로 상정한 파업 대오는 '남성' 조합원이었다. 당시 지도부는 합법파업을 장담했지만 정부는 노동조합이 파업을 선언하자마자 불법파업이라고 규정했다. 지도부는 갈등과 분열을 겪었고 조합원들은 대오에서 이탈했다. 파업 장소 밖에서 참여를 고민하던 여성 조합원들은 결국 함께하지 못했고 파업은 끝났다.

노동조합이 여성 조합원을 대상화, 외부화한 사례는 많다. 2016년, 수년 만의 조합원총회에 여성 조합원들이 참여했다. 고무되어 있던 집행부는 여성 조합원들이 참여해서 참 좋다는 발언에서 나아가서 '젊은' 여성 조합원들을 특정해서 거론했다. 총회 이후 여성 조합원들은 집회에서 자신들을 마치 외부인인 것처럼 지목하고 대상화한 발언 내용이 매우 불쾌했다고 문제 제기했다. 노동조합은 문제 제기 자체를 수긍하지 않았다. 여성 조합원이 요구했던 사과는 끝내 없었다. 2023년, 산별 내부의 좌파활동가들이 여성노동운동을 고민하는 토론회를 열었다. 발표자는 노동운동사와 분리되어 여성노동운동사가 기록되어야만 하는 현실을 지적했다. 남성활동가는 역으로 노동운동사에 이미 다 포함되어 있는 여성노동운동사를 왜 따로 기록해야 하냐고 이의 제기했다. 계급운동은 여성 노동자의 이해와 요구를 다 포괄하는데 여성운동, 여성 노동자 운동이 왜 독자적으로 필요하냐는 문제도 제기했다. 이와 같은 문제 제기가 유효하려면 계급운동 내부의 여성 노동자와 여성활동가가 제기하는 의제와 실천을 계급운동은 어떻게 이해하고 보편적 과제로 설정하고 있는지 얘기할 수 있어야 한다.

노동해방이 곧 여성해방이라는 주장은 절반은 맞고 절반은 틀렸다. '보편적' 노동자로 남성을 전제하여 기억하고 기록하며 요구하고 투쟁해서 남성 노동자의 이해 중심으로 쟁취해온 현실의 역사가 증명하고 있다. 여성 노동자의 투쟁은 전체 운동 내부에 분열을 초래하는 분열적, 분파적 투쟁이라고 비난을 받거나[49] 지식인의 정치적 실험장[50]이라고 폄하되었다. "억압의 경험과 저항의 목소리를 스스로 대표하고 정치적 권리로 관철하기 위해 투쟁하는 능동적이고 자립적이며 다양한 행위자로서의 여성"[51]은 삭제당했다.

여성 조합원이 노동조합 활동과 실천에 능동적으로 참여하는 것은 시대적 상황에 의한 것이기도 하다. 여성 노동자가 투쟁하지 않은 시대는 한순간도 없다. 여성 노동자의 결연한 역사적 투쟁은 어떻게 가능했는가? 노동자의 계급성이 터져나오는 시대의 특정한 조건은 여성 노동자에게도 영향을 미친다. 계급성과 여성성의 관계, 대립과 모순은 역사적, 현실적 조건 속에서 제약받을 수밖에 없다. 그 모순을 해결할 방법과 수단은 무엇인가? 여성은 여성으로서의 노동자, 노동자로서의 여성이라는 이중적 존재이다. 여성의 이중적 정체성이 조화를 이루기 위해서, 여성 노동자는 여성으로서의 자기 정체성을 확립해야 하고 노동자로서의 여성을 인식할 수 있어야 한다. 여성에게 강요된 이중적 굴레를 인식하고 극복하기 위한 학습과 실천, 노동자로서의 위치와 주체성을 정립할 수 있는 실천이 중요하다. 여성과 노동이 함께 재인식되어야 한다.

튀는 여성활동가

직장 내의 가부장적인 분위기는 이에 저항하는 여성에게

'독하다' 내지는 '튄다'는 반응을 보인다. 여성들의 기를 꺾음으로써 여성 활동의 폭을 제한하는 것이다.[52] 이에 굴하지 않고 저항하는 여성활동가는 현장에서 '싸움닭'이라고 불린다. 주로 남성 간부들이 투쟁하는 데 거침이 없고 타협하지 않는 여성 활동가를 이렇게 부른다. 여성 노동자들이 사업장을 불문하고 '아줌마'라는 호칭을 들어온 것처럼 여성활동가들은 현장을 불문하고 '싸움닭'이라는 같은 이름으로 불렸다. 투쟁하는 남성은 '투사'가 되고 여성은 '싸움닭'이 된다. 여성활동가가 일터, 노동조합, 가족관계 안에서 일방적으로 부여되는 성역할과 배제, 요구에 부딪치고 투쟁하여 영역을 쟁취하고 확장해나가는 것을 폄하하고 조롱하는 표현이다.

H   노동조합 간부로 나선다는 건 어쩌면 기본적인 인식에 대한 부담이 있긴 하죠. 가부장적 문화가 뿌리 깊이 박혀 있는 우리나라, 그리고 대부분의 남성 노동자들이 있는 집단에서는 **그냥 여성이 나서는 것만으로도 드세고, 억세고, 팔자가 센 여성이라고 이야기**하는데, 간부가 되어서 많은 이들의 주목을 받는 것에 대한 부담은 분명히 있습니다. 그리고 여성 간부로 나설 수 있는 한계도 분명하게 있기도 하구요. 능력을 평가받고 (그에 맞는 자리가) 주어지는 것이 아니라, 여성 사업, 여성으로 딱 국한되어 맡을 수 있는 간부 자리는 정해져 있으니깐요. 이런 인식 자체가 걸림돌이죠. 요즘 민주노총이든 금속노조든 평등수칙이 많이 만들어지고 있고, '성별 고정관념에 근거한

역할 분담은 하지 않습니다'라는 수칙이 있는데, ○○차 지부
는 성별 고정관념을 절대 버리지 못하는 조합이니깐요. 하지
만 점점 그것은 여성 스스로가 역량을 키워내고 만들어나가야
할 숙제라고 생각합니다.

여성활동가는 본인을 '싸움닭'이 아닌 '생존자', '살아남
은' 활동가라고 불렀다.

"나는 이따금 '건설노조 생존 여성활동가'라고 나를 소개
한다."*이와 같은 호명은 여성활동가 자신에 대한 자긍심을 담
은 것이다. 남성이 기본값인 현장에서 눈에 잘 보이지 않는 여
성 노동자이자 아주 작은 요구를 하는 것만으로도 눈에 확 튀
어 보이는 여성활동가로 존재하면서도 운동의 신념과 목표를
잃지 않고 당당하게 버텨온 지난 시간의 분투를 내포하고 있는
표현이다.

고통과 상처를 안고 살아남기

여성활동가들은 장기간의 외로운 투쟁과 과중한 업무로
지친 상태에서 자신을 돌볼 시간과 수단을 확보하기 어렵다.
투쟁 과정에서 활동가인 본인이 징계를 받거나 해고당하는 것
은 수용할 수 있지만 다른 현장 간부, 조합원들에게 부담이 가
중되면 책임감으로 인해 괴로워하고 심한 정신적 상처를 받기

* 김미정, "[어떻게든 페미니스트로 살기] "나는 살아남은 건설노조의 페미니
스트다"", 〈참여와혁신〉, 2021.03.11.

도 한다. 활동을 위축시키는 상황도 발생한다.

A   2013년도에 지부장을 맡아서… 박근혜 정부가 SR*을 분리해
    서 민영화하는 것 때문에 파업을 했는데… 여기가 센 데여서
    더 특별하게 좀 많이 싸웠죠. 일반 대의원까지 다 해고를 시켜
    서 해고자가 한 26명, 26명이 같이 다 잘린 거예요. 그전까지
    는 이제 간부만 지부장만 공격하거나 이랬잖아요. 근데, (그때
    정부와 공사가) 악랄했던 게 같이 싸운 간부들을 다 잘랐어요.
    그거를 중노위**까지 가서 다 물론 원상 복귀는 됐지만 좀 상처
    가 많이 됐죠. 그때 맛이 갔죠, 제가.

F   이게 여성실이라고 있지만 이거는 여성노동조합이에요. 여성
    노동조합… 여성에 관련된 거는 무조건 여성실로, 그러니까

* SR은 수서고속철도 운영 업체로 한국철도공사를 최대주주로 두고 있다.
2013년 철도공사와 철도노조는 '수서발 케이티엑스(KTX) 법인 설립'을 놓고
갈등을 빚었다. 양쪽은 2013년도 임금협상에서 '수서발 케이티엑스 법인 설
립'을 놓고 수차례 교섭했지만, 합의하지 못했다. 이에 철도노조는 조합원 찬
반투표를 거친 뒤 임금인상·철도 민영화 계획 철회 등을 목표로 그해 12월 9
일부터 31일까지 1차 파업에 돌입했다. 12월 10일 철도공사 이사회에서 '수
서발 케이티엑스 법인 설립 계획'이 의결됐고 양쪽의 의견이 좁혀지지 않자 철
도노조는 다음 해 2월 25일 2차 파업을 진행했다. 파업을 이유로 철도공사에
서 소송을 제기했지만 대법원은 "2013년 철도노조 파업은 적법"으로 판결하
였다. SR은 2016년 SRT로 명칭을 변경하였다. 2022년 10월 국정감사에서
'한국철도공사-SR-철도공단 통합' 문제를 놓고 한국철도공사는 국민편익과
효율성을 증대하기 위하여 통합 입장을, SR은 정부정책에 따른다는 입장을,
철도공단은 조직 비대화를 이유로 반대입장을 밝혔다.(장필수, "대법, "2013년
철도노조 파업은 적법" 판결", 〈한겨레〉, 2020.10.26.)

** 중앙노동위원회

여성이 안전사고를 당했다? 일단 여성실로 다 와. 고충이 있다? 그러면 고충처리 부장님이 있음에도 여성실에 와서 껴서 같이하거나 토스를 해주거나 일단 무조건 여성실에, 여성은 무조건 여성실… 이게 일이라는 게 끝이 없는 거죠. 표시도 안 나고, 해도 표도 안 나는 잡다한 일들이….

E   한편으로는 이 과정에 최근 몇 년 사이 제가 사실 되게 많이 힘들었는데, 마치 이제 막 상처투성이가 된 것 같은, 현재 상황이 좀 그런 부분도 있어요. 근데 이것도 제가 극복해야 될 일이라고 보고, 여기서 하고자 했던. 제가 아까 건설노동자들의 어떤 조직 그다음에 우리가 노동해방 이런 것들을 또 가면서 동시에 함께 여성의 권리나 여성해방이 되는 것이 뭔가 (어느 하나가) 다음 순위가 아닌 거잖아요. **같이 가야 되는 거여서 이런 것을 하기 위해서 좀 더 힘을 내야 되겠다**, 이런 생각을 해요. 아직 할 일이 너무 많고, 우리가 물이 들어왔을 때 계속 노를 젓는다고 그러잖아요. **열심히 노를 젓다가 보니까 뭐라 그럴까 장애물이 너무 많은 거죠.**

남초 사업장에 보이지 않던 여성 노동자들이 보이기 시작하고, 이들이 조직되어 노동조합 안에 공존하기 시작하자 성과에 대한 질투, 공격도 동시에 일어났다. 현장에서도 백래시 현상이 가시화되었다.

A "걔네만 좋아 보이냐, 조합비는 우리가 더 낸다. 왜 우리를 위해서는 그런 걸 안 하고 맨날 청년, 여성 얘기만 하고… 여성들에게 돈 투자하는 것보다 더 많은 남성 조합원들한테 그런 돈이 투자돼야 하는 거 아니냐."

남성 조합원은 여성 노동자에게 노동조합의 자원을 배분하는 것은 남성의 기득권을 위협하고 뺏는 것이라는 불만을 표현하고 있다. 형식상 조합원이지만 실질적으로 조합의 자원을 분배받는 주체가 아니었던 여성 노동자들이 조직되어 모임을 진행하고 사업을 계획한다면 노동조합이 인적, 물적 지원과 배려를 하는 것은 노동조합 활동의 활성화를 위해서도 반드시 필요하다. 노동조합의 활동을 남성 조합원을 중심으로 집행해온 관성을 고집하는 것은 변화하고 있는 여성 조합원의 실천을 인정하지 않는 것이다. 위와 같은 반응은 여성 노동자 고유의 문제와 특수함을 고려하지 않는, 여성 노동자와의 연대를 배제하는 편협한 조합주의의 반영이다. 여성 노동자가 능동적이고 적극적으로 노동조합 활동에 참여하는 것은 노동조합 자체의 활동을 강화시키고 생동감을 부여한다. 여성 노동자를 조직하기 위한 노동조합 자원의 배분은 여성 노동자에 대한 시혜가 아니다.

여성활동가들은 적대적이고 외면하는 현장에서 살아남고 존재를 인정받기 위하여 자신의 여성성을 탈각시켰다.

A 여성성을 많이 잃었어요. 그냥 거침없이 내뱉고… 남성처럼 행동하고 말투나 말도 함부로 하거나 세게 하고 그런 때도 되게 많아요. 하지 말아야 하는 경계해야 하는 남성들(과) 똑같이 하고 있는, 저질문화 이런 거. 마초적인 행동을 하는 게 마치 세 보이는 활동가인 양… 저도 반성을 많이 하고 있고, 했고… 이제 그런 방식이 보이죠, 왜 저러나 싶기도 하고.

B 제가 한 번도 여성으로서 뭔가 이렇게 얘기한 적도 없고, 권리를 주장한 적도 없고, 오히려 나는 일반 여성과 달라, 나는 좀 되게 남성적인 사람이야라는 것을 더 드러내려고 엄청 노력을 했죠. 그래야 내가 여기서 버틸 수 있다는 생각을 했어요.

G 저는 여성활동가들이 선택하는 방법은 두 가지다. 하나는 더 세지는 것, 그래서 더 완벽해지는 거, 더 많이 노력하는 거, 그래서 지도력을 갖고 있는 거, 그래서 입 닥치게 하는 거, 그자들을. 그게 하나고, 다른 하나는 이것이 불가능할 경우에 자기의 여성성을 내세우기도 한다. 그러니까 나는 이 남성들 사이에서 부드럽고 분위기를 밝게 만들고 언제나 웃으면서 이 사람들한테 친절하게 하는 것으로 살아남아요 하는 동지들… 그런데 제가 선택한 방법은 내가 더 많이 일하고 내가 더 잘해야 된다는 생각을 끊임없이 한 것.

여성활동가들은 자신이 '명예 남성'으로 살았다고 고백했다. 그것은 남자처럼 거칠게 말하고 바지만 입고 지내는 것 이상으로 복잡한 상황을 담고 있었다. 여성활동가들이 성희롱을 감수하고 폭력적 상황을 겪으면서 버텨왔다는 뜻이기도 했다. 일상적인 성희롱과 음담패설에 '더 세게' 동참하고 때로는 폭력에 폭력으로 맞대응해서 그 상황을 모면했던 아슬아슬한 순간들. 여성 간부가 참여하고 있는 공식 회의 중에 "여성은 남성을 하늘처럼 생각해야 하고 남성은 여성을 아껴야 한다"라고 칠판에 쓰고 남성 간부들끼리 "낄낄거리던" 상황(E), 망치를 들고 꼴통을 까버리겠다고 덤비는 남자 목수에게 "그래 까라 못 까면 니가 ××다"라면서 맞대응했던 상황(G) 등 모멸과 협박의 순간들을 감내하기 위해 선택한 생존 방식이 '명예 남성'이었다.

여성활동가의 명예 남성성은 여성 비친화적 직업 환경을 극복하기 위해 전략적으로 선택한 것이기도 하고 생존 과정에서 축적된 학습 결과이기도 하다.* 여성활동가의 남성화 전략은 의식적으로 취해지는 과잉 제스처, 말투 같은 것으로, 자연스럽게 그 안에서 만들어지는 것이 아니라 여성들이 혐오하는 여성성을 부정하기 위해 스스로 취하는 오버액션 같은 것이다.[53] 안타깝게도 여성활동가가 명예 남성이 되기로 선택하는

* 나윤경은 명예 남성성은 전략적 선택이 아니라 학습 결과라고 분석하였다. (나윤경, 「여성 연대를 향한 성인교육학적 시론: 여성지도자들의 명예 남성성에 대한 여성주의적 방안」, Andragogy Today 제7권 4호, 2004, 49-73.) 나는 남초 사업장 여성활동가들이 처했던 '맥락 안에서' 명예 남성성은 두 의미를 모두 갖는 것으로 해석하였다.

것, '남성화 전략'은 실패할 수밖에 없다. 그 이유는 "첫째, 남성을 기준으로 설정하고 나면 여성은 아무리 '남성적'이 되어도 결국 남성성에 미달한다. (…) 둘째, 아무리 (여성이) 노력해도 가부장제 사회에서 여성에게 주어지는 이중 메시지(double-bind message)* 속에서 여성은 어떤 선택을 하더라도 일정한 비난을 감수해야 하기" 때문이다. "중요한 것은 이것이 여성에게만 있는 딜레마"[54]라는 것이다.

여성이 남성 다수의 조직에서 생존하기 위해 개별적으로 시도하는 다양한 방식들, 여성성을 부정하고 남성성을 수용하는 전략, 남성보다 더 나은 능력을 입증함으로써 인정받기 위해 하는 헌신, 그리고 철저한 자기관리와 빈틈없는 업무 방식 등은 오히려 여성에 대한 편견과 회피를 강화하는 모순적 결과를 초래한다.[55] 이들은 남성과 마찬가지로 사적 영역에서 일어나는 여성적 경험을 공적 영역에서 발생하는 남성적 경험보다 폄하하며, 사적 영역의 '사소한' 일이 공적 영역의 '중요한' 과업에 방해가 되어서는 안 된다고 생각한다.[56] 나 또한 안건 토의를 채 마무리 짓지 못하고 회의장을 나와서 어린이집에 마지막으로 남아 있는 아이를 데리러 가면서도 '중요한' 회의의 결정에 어떻게든 참여하려고 안간힘을 썼던 일, 저녁밥을 지으면

---

* 전희경은 여성에게만 주어지는 이중 메시지의 예로 "섹시하면서 동시에 순결할 것을 요구하는 것, '주부' 역할을 충실히 할 것을 요구하지만 그렇기 때문에 노동시장에서 좋은 노동력이 아니라고 간주하는 것, '외모에만 신경 쓰는 골 빈 여자'라고 비난하면서 동시에 '이왕이면 다홍치마'라고 매력적인 성적 대상이기를 바라는 것" 등을 서술하고 있다(전희경, 2008, 102).

서 지금 내가 해야 할 일은 이 '사소한' 일이 아니라며 다듬던 채소를 던져버렸던 일 등 여성적 경험을 폄하하고 타자화했던 경험이 셀 수 없이 많다. 다행스럽게도 나와 여성활동가들의 명예 남성성은 "해결 가능한 문제의 하나일 뿐 영구적 손상은 아니어서"[57] 페미니즘 학습과 여성주의적 해석, 여성 연대의 실천을 통해 비판적으로 성찰할 수 있었다.

'살아남은' 여성활동가, 페미니즘을 만나다

스스로 공부하며 만난 페미니즘

앞서 살펴보았듯, 학출 여성들 중 일부는 "현장에 들어가서 노동운동을 하겠다"라는 목적을 가지고 가장 조직 작업이 필요하다고 판단한 현장을 선택했다. 이들은 해당 사업장에서 능동적으로 현장을 조직했고, 비정규직 사업장, 조직된 노동자가 없는 현장에서 노동조합을 만들어내는 데 핵심 역할을 하였다. 어용 노동조합을 민주노동조합으로 바꿔냈다. 노동조합은 해결해야 할 문제가 늘 산적해 있었다. 90년대 말 IMF 직후부터 공공부문은 방만 경영, 비효율, 세금 먹는 하마로 공격당하였고 공기업도 민간기업 못지않은 성과를 낼 것을 요구받았다. 공공부문 노동조합은 구조조정을 막아내는 싸움을 일상으로 벌여야 했다. 그 와중에 여성 의제, 여성 노동자의 문제는 주변화되었다. 여성활동가들은 풀리지 않는 답답함을 해소하기 위해 닥치는 대로 페미니즘 책을 읽거나 여성 노동자 네트워크에서 함께 공부했다.

A '내가 갖는 어떤 여성으로서의 약점이나 불합리함… 다른 어떤 제반 권리들이나 여러 성희롱 문제라든지 평등 문제라든지 현장의 이런 문제들은 부차적인 요소가 되는 경우가 너무 많다'라는 생각이 들면서, 이게 해결된다고 여성문제가 다 해결되는 건 아니라는 거를 알게 됐죠. 그래서 이제 그런 문제들을

선배(인터뷰어)나 공공운수노조 여성위원회 가서 공부하면서 그때서야 또 깨달은 것도 많아요… 그때서야 많이 배웠죠.

특히, 2015년 직후부터 봇물 터지듯 터져 나온 여성들의 외침인 페미니즘 리부트와 미투 운동은 현장의 여성 노동자와 여성활동가에게도 영향을 미쳤다. '페미니즘 리부트'의 주 발화자들은 디지털 네이티브 세대*였다. 그들이 주도한 '강남역 10번 출구'에서의 집회와 '혜화역 시위'를 여성활동가들도 예의주시했고, 공감했다. '메갈리아'로 대표되는 온라인 여성 혐오에 대한 반격은 현장 안에서도 많은 논란과 거부, 찬반에 휩싸였다. 반면에, 2018년 1월 서지현 검사의 직장 내 성폭력 폭로로 터져 나온 '미투 운동'에 대한 현장의 반응은 뜨거웠다. 여성 노동자들이 직장 내 성희롱, 성폭력의 문제를 해결해달라고 '내부에서' 요구하기 시작했다. 여성들의 주장과 요구는 여성 조합원 자신의 이해와 문제로 동일시되었다.

K 제가 남성 애인을 사귀게 되면서 이런저런 얘기를 하다 보니까, 아 내가 젠더 문제를 그때 잘 몰랐어요. 공부도 안 했고. 젠더 이슈로 지면 안 되겠다 이런 오기가 생겨서 공부를 한 케이스… 그냥 페이스북 이런 데서 키보드 워리어로 1대1로 개인

* 개인용 컴퓨터, 휴대전화, 인터넷과 같은 디지털 환경에 태어나면서부터 놓인 세대를 말한다. 1980년대부터 2000년 초반 사이에 태어난 이들을 통칭하며, 흔히 MZ세대라고도 부른다.

적으로 대응하고 막 싸우고 진절머리 내면서 제가 바뀌는…
내가 속한 노동조합에는 페미니즘 그런 게 전혀 없었고… 왜
노동조합에는 페미니스트가 아무도 없었나 좀 그런 생각이 들
었어요.

여성 노동자들의 미투는 한국 사회 전반을 뒤흔들었던
"자신의 경력을 내걸고 모두 공개적으로 폭로하는 방식"[58]이
아니라 사내 절차를 통한 비공개적 '신고'로 이루어졌다. 미투
운동 이전에도 조직은 있었으나 거의 가동되지 않던 '성희롱
고충심의위원회' 등이 실제로 열리기 시작했다. 노동조합은 한
주체로 참여했다. 주로 여성 간부, 여성활동가가 노동조합 대
표로 참여해야 했는데, 이들 또한 '성폭력 여부를 심의할 수 있
는' 전문적 지식을 갖추지 못한 상태였다. 스스로 공부해야 했
고 그 과정에서 페미니즘을 접하고 인식의 확장을 경험하였다.

B   지금은 어쨌든 2019년도에 그런 성희롱 사건을 접하고 그거
     를 처리하는 과정에서 우리네에 여러 가지 구조적인 문제를
     좀 봤고, 이걸 해결하기 위해서는 어떻게 해야 되는지 공부도
     하고, 그래서 교육도 많이 쫓아다니고 그러다 보니까 좀 이렇
     게 보는 시야가 많이 넓어진 것 같아요. **많이 불편해졌습니다.**
     예전에는 편하게 그냥 넘어갈 수 있었던 얘기들이 되게 불편
     해졌어요. 저는 음담패설도 되게 많이 했거든요. 또 과격한 표
     현도 많이 쓰고 일부러 더 그런 것도 많이 하고 그랬는데, 그

런 것들이 이제 막 불편해지기 시작한 거죠. 드라마 보는 것도 불편하고 이제는 저 아 저 남자 진짜 박력 있게 막 애정을 공세하고….

(벽치기 키스 이런 거?)

그렇지, 그렇지. 지금은 아, 이건 아니지… 2019년도부터 **불편한 게 많아졌어요**… 지금 그때 현장에서 활동하던 동지들이 다 이런 여성 활동을 하고 계시거든요. 이런 동지들 앞에서 그런 얘기 하면 이제 죽지. 분위기들이 다 그래요.

남성 지배 사회에서 성별 권력관계와 무관한 성폭력이란 개념은 애초에 성립 불가능하다. 젠더 자체가 권력관계를 내장하고 있기 때문이다.[59] 노동조합 내부의 남성 중심성과 낮은 성인지 감수성은 여성활동가들을 '동지'라고 호명하면서도 빈번하게 성적으로 대상화하였다. G는 조직에 성폭력을 문제 제기할 때마다 반복된 행태(신고-조사-부인-의심-2차 가해)에 힘들어하던 중 지역의 여성활동가들과 함께 '직장 내 성희롱 예방교육 전문강사 과정(양성평등교육진흥원)'을 듣게 되었다.

G   그때는 "이런 쓸데없는 짓을 내가 해야 돼?" 이랬는데 그때 처음으로 페미니즘이라는 주제로 교육이라는 걸 받아봤죠. 아우, 재밌더라고요. 2010년에 피해자가 되고, 2011년에 금

양물류 성희롱 사건* 피해자와 같이 투쟁을 하고 쉬고 있는 2012년에 이제… 지금 보면 커리큘럼이 그렇게 제 마음에 쏙 들어오는 건 아닌데… 관점과 상관없이… 여성 운동 여성주의 역사가 너무 재밌는 거예요. 그래서 본격적으로 책을 읽은 거, 그때부터인 것 같아요.

여성활동가들이 페미니즘을 공부하고 자신의 인식을 확장하면서 '명예 남성'으로 사고하고 행동했던 자신을 성찰하는 계기는 개인적 차원뿐만 아니라 거의 동시적으로 조직적으로도 진행되었다. 바로 민주노총 '성평등 강사단 교육'이다.

교육을 통해 만난 페미니즘

민주노총은 민주노총교육원과 여성위원회가 중심이 되어 2015년부터 '성평등 강사단 교육'을 진행해오고 있다. 매 기수 이삼십여 명의 활동가(남성은 소수이고, 주로 여성으로 구성된다)가 참여하여 80시간의 교육을 이수하고 성평등 강사단 '위촉강사'로 임명된다. 교육 과정은 "취약하게 이루어지고 있는 직장 내 성희롱 예방교육과 성평등 교육의 한계를 절감하고 노동조합 간부들이 직접 현장에서 조합원과 소통하고 일터에

---

* 현대자동차 아산공장 사내하청 여성 노동자가 관리자들에게 지속적으로 성희롱을 당하자 G는 피해자와 함께 이를 금속노조에 제보하였다. G는 국가인권위원회 진정, 직장 내 성희롱으로 인한 우울증 인정과 산업재해 승인, 여성가족부 앞 198일 천막농성과 최종 합의에 이르는 전 과정을 함께 투쟁하였다.(전국금속노동조합, 『여성노동자, 반짝이다』, 나름북스, 2021.)

서부터 성평등과 민주주의를 확대하기 위하여 양성하게 되었다. 또한 노동조합 안에 여성주의 활동가를 양성하여 일상적으로 성평등 사업을 실행하고 나아가 노동조합 간부로 성장할 계기를 만들고자 기획되었다".[60] 나는 이 교육을 2017년에 3기로 이수하였다. 노동조합의 교육비 지원과 근로시간면제를 배분하여 시간을 할당받은 덕분에 장기간의 교육을 받을 수 있었다. 이 교육을 통해서 개인적으로 페미니즘 책을 찾아 읽던 수준을 체계적인 학습으로 심화할 수 있었다. 다양한 영역의 현장에서 활동하고 있는 여성활동가들과 상호 교류할 수 있었다. 교육의 직접적 효과로서 작업장 성희롱, 성폭력을 여성주의적 관점으로 분석하고 실무적으로 대처하는 역량이 강화되었다. "성희롱, 성폭력에 조직적으로 직면하고 대처하기"[61]가 가능해진 것이다.

내가 만난 여성활동가 12명 중 9명*이 민주노총의 성평등 강사단 교육을 수료했다. 교육은 실제로 개인에게 변화를 가져왔다. 당연하게 여겼던 여성의 삶을 구조 속에서 재인식하는 계기가 되었다.

J 그냥 그때는 아이를 키우는 거였었고, 그리고 또 어 그게 제 일이라고 생각했었던 것 같아요. 다들 그렇게 생활하지 않았나? 저 또래 여성들 보면 거의 그냥 그게 의무였던 걸로 알고

---

* A, D, E, F, G, H, J, K, L이 성평등 교육을 수료하였다.

있거든요. 그래서 요즘에 이제 교육을 받다 보니까, **'이게 가부장제였고, 나도 그 안에 있었구나'**라는 그런 걸 좀 많이 느끼기도 하죠.

자신이 꽤 열려 있는 사람이라고 자부심을 갖고 있었던 K는 이 교육을 통해서야 여성으로서의 정체성을 사고하고 퀴어한 존재들을 알게 되었다.

K   16년도에 성평등 강사단 교육을 받으면서 젠더 감수성 점수… 제 점수가 진짜 바닥이었어요. 나의 고정관념이 진짜 세구나, 스스로가 생명을 다루는 사람이라고 생각을 하는 그런 것 때문에 자기 절제가 엄청난… 정말 쿨하다고 생각하고 환자들에게 막 그러긴 하지만 스스로 내재된 거는 되게 강압적이더라구요… 저는 성에 대한 다양성 이런 것들에 대해서 낯설었는데, 내가 여성이면서 여성을 생각해봤나? 내가 여성의 삶에 대해서 얼마나 생각해봤지…? 이 교육 자체가 인생의 전환점이었다, 그래서 이 교육을 좀 많이 들으면 좋겠는데….

성평등 강사단 교육을 듣기 원하는 간부들이 많아졌지만 다 들을 수는 없는 상황이 되자 K가 속한 노동조합에서는 자체적으로 여성학교를 만들었다. 자료를 수집해서 교안을 만들어 집행부 회의 시작 전에 간부를 대상으로 3분 동영상으로 상영하는 등 노동조합 전체의 성인지 감수성을 향상시키는 조직적 실천으로 확대하였다. 나아가서 교육 이후 여성활동가들은 성평등 강사단 교육이 현장에서 실효성 있는 교육이 될 수 있도록 현장과 지속적으로 소통해야 한다는 것, 시기에 맞는 사회적 이슈와 쟁점을 제대로 인식할 수 있는 기획이 필요하다는 것을 제안하였다.

I   왜냐하면 매일 똑같은 생활용 일방 교육을 할 수는 없어요. 맨날 법에 벌금이 작년에 1천만 원인데 올해 3천만 원 됐습니다, 이게 의미가 있는 게 아니잖아요. 그러니까 뭔가 하드코어하게 레벨 업도 되고, 현장 이슈를 가지고 와서 더 얘기할 수 있어야 되고, 지금 예를 들면 우리 옛날 불꽃추적단에 의해서 N번방 정리되고 난 이후에 6개월 동안 똑같이 했고, 또 그다음에 손정우도 그렇게 되고 이런 것들은 이제 현장성이 너무 떨어지는 거예요. 왜냐면 계속 사건은 지능화되고 발전하고 있는데 우리는 그걸 공식적으로 리뷰하는 모습이 없으니까. 그런 채널로 어쨌든 성평등 강사단이 정기적으로 미팅을 해서 장기적인 교육 계획도 좀 세우고, 그런 기획이든 뭐든 리드를 해주는 게 맞는다고 생각해요.

2024년 현재, 민주노총의 성평등 강사단 교육은 시작한 지 10년이 되었다. 1기에서 10기까지 교육 참여자만 332명이다. 전체 참여자 중 성평등 교육 강사로 위촉받은 인원이 276명에 이른다. 이 교육은 교육 대상자를 산별노조당 몇 명으로 제한할 정도로 인기가 많다. 그런데 실제 현장에서 성평등 강사로 활동하는 비율은 15%에 그치고 있다. 성평등 강사가 활동할 수 있으려면 교육을 할 수 있는 자격뿐만 아니라 교육을 맡아서 진행할 수 있는 시간이 확보되어야 한다. 조합원들은 근무 시간에 교육을 받을 수 있도록 교육 시간이 보장되어야 한다. 단체협약에 '조합원 교육 시간'이 보장된 사업장도 있고, 아예 없는 현장도 많다. 성평등 교육을 진행할 여성활동가(강사)에게는 근로시간면제(타임오프) 등 노동조합의 협조가 필요하다. 조합원 규모에 따라 차별적으로 배정된 근로시간면제 제도는 노동조합 간부들이 충분한 활동을 하기에 부족하다. 새로운 사업에 시간을 할당하기 위해서는 기존 사업에 배정된 시간을 조정해야 한다.

사실 근로시간면제 제도는 노동조합 활동을 보장하기 위한 제도가 아니다. 노동조합 활동을 사용자가 허용하는 시간에만 하라는, 노동조합 활동을 가두리 양식장으로 만드는 틀이다. 근로시간면제 제도에 갇히지 않는 노동조합 활동의 자율성은 노자 역관계에 의해서 만들어진다. 실제 많은 노동조합이 근로시간면제 제도와 함께 노동조합의 힘으로 구축해온 노동조합 활동의 영역을 유지하고 있다. 그러나 노자 권력관계가 깨지면 근로시간면제 제도만 앙상하게 남는다. 노동조합의 자율적 활동이 가능한 시공간이 축소되는 상황은 작업장의 여성 사업 확대에 장애로 작용한다. 가뜩이나 노동조합 활동에서 후순위, 다음으로 배치되기 일쑤인 여성 사업이 자기 영역을 보장받고 안정적으로 유지되기는 매우 어렵다. 이와 같은 현실적 문제 때문에 성평등 강사는 계속 배출되고 있는데 성평등 교육은 제한적으로만 진행되고 있는 것이다.

그리고 '페미니즘 리부트'와 '미투 운동'

2015년을 전후로 상승하기 시작하여 2018년에 정점에 도달하고 폭발한 여성운동은 한국 사회 여성들에게 '페미니즘'에 대한 감각적 접속과 대중적 흡입의 계기로 작동했다. 이 흐름 속에서 여성활동가들도 '페미니즘 리부트', '미투 운동'이라는 사회적 흐름과 만났다. 거대한 사회적 흐름에 여성활동가들이 즉각적으로 접속할 수 있었던 것은 개인적 고민과 학습, 민주노총 내부에 여성주의적 실천이 이미 존재하고 있었기 때문이었다. 2001년 백인위원회 활동, 2004년 민주노총 여성할당제의 도입, 2008년 민주노총 간부 성폭력 사건 대응, 2010년 성평등위원회 조직, 2015년 성평등 강사단 교육 시작 등 조직 내부에서 여성활동가들이 여성주의적 입장에서 고민하고 지속적으로 실천해왔기 때문에 가능했다. 87년 노동자 대투쟁을 학출이 만든 게 아니었지만 학출이 그 거대한 흐름의 한 구성요소였듯이, 페미니즘 대중화 현상도 현장의 여성활동가들이 만들지는 않았지만 여성활동가들 또한 한 구성요소이자 대상으로 영향을 받았다. 그리고 시대적 흐름을 외면할 수 없는 민주노총 내부의 방어적, 조직 보위 중심의 (남성적) 이해관계가 맞물리면서 현장 안팎의 동시대성과 상호 영향을 경험할 수 있었다.

"대중파업은 역사적 산물이지 인위적 산물이 아니다"[62]라
는 말처럼 '페미니즘 리부트'와 '미투 운동'은 역사적, 시대적,
자발적 대중투쟁이었다. 2015년 이후 여성운동은 일반 여성들
이 직접 행동으로 나선 운동[63]이었다. 특히, 미투 운동은 성별
질서가 포함된 권력형 성폭력 문제에 대한 저항운동이다. "나
도 그랬어(Me-Too Narative)"라는 이 짧은 한마디는 성별과 연령,
사회적 지위를 떠나 피해를 당하고 고통을 겪은 자들이 나머지
모든 사람에게 보내는 공감과 도움, 연대의 호소이자 '지체된'
정의의 집행에 대한 요청이었다.[64]

여성활동가들은 시대적, 역사적 현상으로서 여성의 누적
된 패배와 분노가 일시에 폭발했던 '페미니즘 리부트'와 '미투
운동'의 성과를 현장 안에서 조직하고 실천하는 것을 자기 과
제로 설정했다. 사용자에게 작업장 안에서 발생하는 성폭력 엄
벌과 피해자 보호, 성희롱의 제기와 징계에 이르는 전 과정을
처리하기 위한 매뉴얼을 만들 것을 요구했다. 노동조합에는 일
터의 조직문화를 바꾸기 위한 실태조사에 노동조합이 개입하
여 주도권을 행사할 것을 제안했다. 현장 노동자들의 성평등
의식 고양을 위한 교육을 기획하고 여성 노동자들과 함께하는
페미니즘 독서 모임 등 다양한 활동을 전개했다. 민주노총 내
부적으로는 2016년에 조직 내 성폭력 신고 접수가 늘어났고

이에 적극적으로 대응해나갔다.* 특히, 이 시기에 오랫동안 은폐되어왔던 성폭력 문제도 공개되어 피해자가 해결을 요구하는 등 기억의 퇴적층에 켜켜이 쌓여 있던 여성 공통의 억압된 경험들이 집단 아우성을 쳤다.[65]

작업장의 성폭력 문제와 노동조합 내부 미투가 이어지자 조직 내부 반발도 이어졌다. 미투 운동 이전에는 아무렇지도 않게 내뱉던 말들을 성차별적 발언이라고 지적하자 현장에서는 남성 조합원들이 반발했다. 피해자를 향하여 집단적 2차 가해와 익숙한 공격들(정치적 음모이다, 정파적 이해관계에 의한 폭로이다, 선거에서 상대 후보를 사퇴시키기 위한 선택이다 등)이 되풀이되기도 했지만 여성활동가들은 타협하지 않았다.

E 여성들이 목소리를 내기 시작하고… 여성 조합원들이 늘어나서… 건설 현장의 음담패설은 정말 소문난, 아주 대단히 그냥 노골적이고 아주아주 폭력적이거든요. 근데 그런 것도 하기가 어렵잖아요… "여성들 때문에 말 한마디 편하게 못 하고 뭐 쟤들이랑 말하지 마, 쟤 빨리 저 일 힘든 거 줘서 빨리 내보내고" 이렇게 한다든가… 이게 미투의 영향을 우리 지부가 상당히 많이 받은 거예요. 제가 마침 19년도에 성평등 교육을 받으러 갔고 또 이러면서 여성 조합원이 늘어나고 있고 이런 것들이 맞아떨어진 거예요.

* 민주노총 여성위원회, 「민주노총 성평등 문화 확대를 위한 대토론회 자료집」, 2017.

한국 사회의 여성 노동자들은 성차별과 젠더 차별로 법정 의무제도인 '직장 내' 신고와 조사 절차를 활용하기보다는 '참다'*가 '죽거나', 경력의 포기를 각오하고 '폭로'하는 극단적 선택으로 나아가고 있는 현실에 처해 있었다.[66] 2015년 여성가족부에서 50인 이상 공공기관과 민간사업체의 성희롱 실태에 대해서 조사한 보고서를 냈다. 이때부터 성폭력 문제는 한국 사회의 뜨거운 주제로 떠올라 있었다고 말하기도 한다.[67] 특히, 2016년 #문단_내_성폭력 해시태그, 강남역, 2018년 미투, 혜화역 시위 등 숨 가쁜 전개 속에서 여성들의 분노가 폭발적으로 터져 나왔다. 그러자 정부는 '직장 내 성폭력 매뉴얼'의 정비, '성희롱고충심의위원회'의 설치, 사규 정비(성비위행위자 승진 배제 조항, 원스트라이크 아웃제 등 도입)를 공공부문에 강제했다.

공공부문은 여성활동가들이 직장 내 성폭력 문제 해결을 위한 공식적 요구와 투쟁을 내부에서 전개하는 것과 거의 동시적으로 정부와 지방자치단체의 간섭과 관리에 의해 형식적, 절차적 수준의 개선 효과를 누렸다. 작업장 밖 여성들의 '미투 운동'의 영향이 작업장의 담을 넘어 들어왔다. 실제 사업장 내 성희롱 피해 신고가 증가했고 가해자 처벌, 피해자 구제 조치들

---

* 성희롱 피해 경험이 있는 일반직원 응답자의 78.4%가 성희롱 사건을 '참고 넘어갔다'고 응답하였고, 참고 넘어간 이유로 남성은 '큰 문제라고 생각하지 않아서', 여성은 '문제를 제기해도 해결될 것 같지 않아서'라는 응답이 가장 높게 나타났다.(「성희롱 실태조사 보고서」, 여성가족부, 2015.)

이 보완되어 나갔다. 금속 사업장의 여성활동가 G는 사기업에서도 미투 운동 이후 변화를 감지할 수 있었다고 말하였다.

G   제 느낌은 미투 운동 이전과 미투 운동 이후가 다르거든요. 그건 이 사회가 달라요. 그러니까 금속노조도 그렇죠, 조합원들도. 그리고 내가 본 어떤 운동보다도 근본적인 문제 제기를 하면서 비타협적으로 하는 다양한 주체를 만들어놓았다는 느낌이 있었어요… 미투는 너무 희한했어요. 어떻게 자기 생존을 내걸고 폭로하는 운동을 할 수 있을까? 정말 대한민국 사회에서 이거는 누가 기획할 수 있는 사업이 아니죠. 왜냐면, 어떻게 이런 무시무시한 거를, 그렇죠. 그런데, 이게 됐잖아요. 너무 희한하잖아요.

그리고 미투 운동 이후 그 운동을 직접 경험한 세대의 여성들이 사업장에 진입하고 있기 때문에 현장은 또 변화를 겪을 것이라고 말하였다. 미투는 단순한 성희롱에 대한 고백이라기보다는 성희롱은 '너만이 아니고 나도 당했다. 우리가 모두 성희롱의 희생자다. 남성 권력이 여성의 몸을 억압하는 것은 사회 전반의 일'이라는 고백이었다.[68] 피해의 발화는 '시작'이며 시작은 반이다. 우리에게는 아직 말해야 할 것들과 바꾸어야 할 것들이 많으며, 왜 그리고 어떻게 그것을 말하고 바꾸어야 하는지에 대한 질문 또한 다시 한번 제기되어야 할 것이다.[69]

"나는 페미니스트다" 선언과 실천

"나는 페미니스트다"

내가 인터뷰한 여성 노동자들은 각자의 현장에서 소수 또는 유일한 여성활동가로 대부분 여성 사업 담당자이다. 노동조합의 다른 직책을 맡고 있는 경우에도 현장의 여성 노동자 관련한 현안이나 이슈에는 이들이 누구보다 주도적으로 대응한다. 나는 이들에게 자신을 페미니스트로 정체화하고 있는지 질문하였다. 여성활동가들은 잠시의 머뭇거림도 없이 "나는 페미니스트다"라고 자신 있게 답하기도 했고, 조금은 쑥스럽게 긍정하거나 좀 부족하지 않나 대답을 고민하기도 했다.

A 당연히 저는 페미니스트라고 얘기를 하죠… 왜냐하면 그렇게 해야지만 얘기를 할 수 있고 공격하면 방어도 하고… 저는 근데 그런 삶을 사느냐, 그건 또 다른 문제죠. 가정에서도 평등하고 여러 가지가 있잖아요. 꼭 그렇지는 않아요.

"나는 살아남은 건설노조의 페미니스트다"*라고 말하는 E는 여성 사업을 담당하기 전에는 느끼지 못했던 조직 내부의 저항을 받았고 본인 또한 이전에 명예 남성이었기 때문에 "성평등을 말할 때, 동일노동 동일임금을 말할 때, 성폭력 방지를

* 김미정, "[어떻게든 페미니스트로 살기] "나는 살아남은 건설노조의 페미니스트다"", 〈참여와혁신〉, 2021.03.11.

말할 때, 여성들의 권리를 말할 때 불편함과 이질감"이 있다고 말하였다. 그런데도 부딪치고 있는 방해와 걸림돌은 페미니스트 정체성으로 극복할 것이라고 강조한다.

E   페미니스트죠… 거의 사실 여성에 대한 얘기를 할 기회가 별로 없었어요, 저만 있고. 특별히 공격을 하거나 이러면 그것에 대항을 하고, "너 죽을래?" 이렇게 할 수는 있었어도. 근데 여성 사업을 하기 시작했잖아요. 그러면서 제가 이제 (민주노총 성평등 강사단) 교육을 받으러 갔다가 이 과정에서 페미니스트가 된 거죠. 어디라고 딱 하기는 어렵지만, 제가 딸을 낳은 게 또 결정적인 것 같아요. 제가 하는 것이 제 딸아이한테 미치는 영향이 있다 보니까….

E는 현장에 들어온 여성 노동자를 여성활동가로 조직하고 페미니스트로 정체화하도록 이끌었고 그 결과 또 다른 여성활동가를 조직하는 선순환을 전망할 수 있게 되었다.

F   전혀 아니었죠, 전혀. 그때는 뭐, 페미니즘 이런 것도 잘 생각도 못 한 것 같아요. 그런 거에 감수성도 떨어지고 생각도 안 했던 것 같아요… 남편이 나가서 돈 벌어야 된다 그랬던 거죠. 남편이 취직을 해서 광주로 갔으면 이제 남편 따라서 광주로 삶의 터전을 이동하게 되는 거고 거의 그런 식으로 삶을 살아왔던 거였는데, 건설에 들어오고 노동조합 들어오고 그런 의

식들이 많이 바뀌었죠. (건설노조는 내 인생에) 삶의 전환점이 된 거죠. 그래서 이렇게 제가 여성위원장도 하고, 상근*도 하고, 이렇게 하는 것들이 내가 이렇게 깨닫고 바뀌었잖아요. 그래서 '여기서 내가 뭔가를 해야 되겠다, 내가 이렇게 받았으니까 그만큼 또 해줘야 되겠다'라는 그런 생각이 있죠.

J는 현장에서 '여성은 보조하는 역할'이라고 차등 대우를 받아야 했고 '아줌마'로 불리며 차별을 겪었다. 재취업 이후 가사와 돌봄까지 독박하는 '2교대' 현실을 경험하면서 기존 사고의 균열을 경험하였다.

J   나는 분명히 현장의 성평등을 위해서 실천하고 있었고 요구하고 있었는데, 그리고 그거를 이론으로 표현하는 게 페미니즘인데 정작 그 페미니즘을 나의 언어로 표현하는 거는 너무 어렵다. 그렇지만… 노력을 한다고 그래야 되나? "나는 페미니스트야"라는, 그러니까 처음에는 저도 페미니스트라는 이 단어조차 내 입으로 (말)할 수 있다라는 걸 한 번도 생각해본 적이 없었던 것 같아요. 그리고 그 단어 자체도 좀 어려웠고, 다가오는 게 워낙에 우리한테는 되게 좀 적개심이 많았잖아요. 너 페미니스트야? 이렇게 되는 것들. 그 생각 내뱉어주는,

* 노동조합의 '상근' 간부는 작업 현장을 떠나서 "매일 일정한 시간에 출근하여 정해진 시간 동안 근무하는 간부를 뜻한다. 주로 집행부 임기 동안 노동조합으로 출퇴근하여 해당 업무를 담당하고 직위에 요구되는 역할을 수행한다.

내 상태에서 딱 닫히는 그 부딪침조차도 엄청 까시로왔던 거를, 내가 "나, 페미니스트야" 아무렇지도 않게 말할 수 있는 지금까지 오는 그 시간이….

J는 현장에서 남성 노동자와 동일한 임금을 요구하고 같은 휴식 시간을 요구하는 등 여성 노동자의 권리를 주장하면서 고립되고 불편한 상황에 직면했던 자신의 처지를 페미니즘 학습을 통해서 온전히 해석해낼 수 있었다. J에게 "페미니즘은 답을 주었다".

J   여성의 가치? 값을 매기려는 게 아니라 여성으로서 스스로 존재감을 낮추고 살아가던 저에게 페미니즘은 자신감과 여성으로의 존재 가치를 알게 했고 동등함을 소리 내게 했어요. 부당함을 이야기하고 투쟁할 때 남성과 동등하기 위함이었음을 성평등 교육을 받으며 알게 됐습니다. 저에게 페미니즘은 동등함 그 자체입니다.

C는 본인은 페미니스트인가 묻는 질문에 웃으며 "이제는 말할 수 있다"라고 하였다. 2년 전 현장 여성 노동자들의 책 읽는 모임*에서 자신의 '페미니스트 모멘트'를 질문받고서야 자신이 페미니스트인지 고민하게 되었다고 말하였다.

* C는 2018년 노동조합 지부 여성위원회에서 시작한 여성 조합원 '페미-읽기' 모임 구성원이다.

C   근데 다들 내가 페미니스트다라고 얘기하는 건 약간 꺼리는, '내가 감히 될 수 있을까?' 약간 그런 생각이 있잖아요⋯ 페미니즘은 여성분만이 아니고 사회적 약자에 대해 생각해보는, 생각하게끔 해주는 그런 뭐라고 해야 되나⋯ 여성만 주장하기에는 좀 그러면 안 된다고 생각해요. 그러면 누가 우리한테 연대해주고 같이할지. 다른 약자한테도 관심 갖고 연대하고 해야 우리가 주장하는 바도 논리적으로 앞뒤가 맞는 거 아닌가 싶어요.

G는 페미니스트라는 자기 선언을 넘어서, 노동조합 간부들에게 "성차별에 맞서 싸우고자 하는 우리 모두가 페미니스트"임을 교육하고 의식적으로 강조해나가고 있다.

G   "페미니스트는, 결론적으로 얘기하면 성별에 따른 차별이 없기 위하여 투쟁하는 사람들이 페미니스트야. 그러니까 우리 다 페미니스트고, 우리만 페미니스트가 아니라, 네 옆에 있는 남성 동지 다 우리 모두가 페미니스트야." 예를 들면, 그래서 확대 간부 교육(에서) 남성을 대상으로 할 때 "당신들이 페미니스트다. 성별에 따른 차별에 동의해? 성별에 따른 차별에 맞서서 싸우는 거 같이할 거야, 안 할 거야? 그럼 금속노조 간부 아니야. 금속노조 간부는 다 페미니스트야. 왜냐하면 성별에 따른 차별을 반대하고 투쟁을 함께하기 때문에 당신도 페미니

스트야" 이렇게 얘기하면 다들 이렇게 반응이 되게 웃긴데. 이렇게 "니네 페미니스트야" 이러면, 그러니까 약간 뭐랄까 좀 어처구니없다? 이런 표정인데, 저는 계속 의식적으로 얘기를 하는 편이고….

여성활동가들은 "나는 페미니스트이지만"이라는 단서를 달거나, "나는 페미니스트는 아니지만"이라고 주저하거나, "내가 페미니스트라고 할 수 있을까"라는 의문을 표현하기도 하였다. 나는 페미니스트이지만 한국 사회에서 페미니스트, 페미니즘이 받는 백래시가 강하기 때문에 남성 집단의 거부감을 약화하고 '성평등'한 조직으로 변화하기 위해 남성 노동자들과 연대할 수 있도록 진입 장벽을 낮출 수 있는 새로운 호명이 필요함을 주장하기도 하였다.

I　(페미니스트는) 딱 한마디로 얘기하면, "우리 모두 다 다르니 서로 존중해" 그렇게 딱 말할 수 있을 것 같아요. 근데 이게 여성주의로 해석되는 것도 그래서 불편하고요, 안타까워요. 한국식 정의가 갖는 그 언어에 갇힌 느낌이 있어서 너무 안타까운 게 많아요. 그래서 우리 말은 아니지만 페미니즘, 페미니스트라고 이야기하거든요… '새로운 단어로 조금 더 창출해야 되나?' 이런 생각이 들 때도 있어요. 그래서 사실 **성평등**이라는 단어가 참 좋잖아요… '더 괜찮은 네이밍이 있으면 좋겠다'라는 생각은 사실 굉장히 많이 해요. 왜냐하면 이거는 남성 집

단에 있다 보니까 더 유독 생각하게 돼요. 그 페미니즘이라는 단어에 알레르기 반응이 워낙 많이 나오니까.

H는 노동조합 안에서 여성의 발언권을 확보하기 위한 싸움, 여성 간부의 권리를 확대하기 위한 요구를 치열하게 전개하고 있음에도 자신을 페미니스트라고 하기에는 부족하다고 말하였다. 이미 보장되어 있는 여성의 권리가 제대로 행사될 수 있도록 하는 것, 만들어져 있는 제도가 취지에 맞게 작동되어야 함을 요구하는 것, 여성 노동자들의 고충을 듣고 함께 해결해나가는 이 모든 것은 여성 사업 담당자인 자기 일이고 당연한 여성 사업인 것이지 그것을 페미니즘적 실천이라고 할 수 있을지 확신할 수 없다는 것이다.

H 직접적으로 "저는 페미니스트입니다"라고 확실하게 자신 있게 얘기할 수는 없을 것 같아요… 제 스스로가 "페미니스트입니다"라고 얘기하기에는 조금 부족하지 않나 싶은 생각이 들기도 하고, 막 여성의 이런 거에 관련해서 '과연 내가 활동하고 있나?'라고 생각을 해봤을 때 그렇지 않은 것 같아… 저는 여성으로 지켜야 될 기본적인 의무나 권리 이런 것을 최소한의 것으로 만든다고 생각을 하지 더 진보적으로 확장하고 있다는 생각이 안 드는 거죠. 어찌 보면 할당제도 이미 만들어져 있는 것을 제대로 갈 수 있게끔 만들어주는 건데, 이게 과연 '내가 페미니스트라고 할 수 있을까?'라는….

그런가 하면 자신은 페미니스트가 "되어가는 중"이라고
말하는 활동가도 있었다.

K   그러니까 저는 이 지식으로만 들어온 게 그 부분이 자꾸 솔직
     히 좀 걸리는 부분이 있어요. 그러니까 말로는 그렇게 얘기를
     하지만 내가 100% 그대로 정말 인정을 하고 있는 건가… 틀
     린 게 아니라 다른 것이다, 틀린 건 없다, 세상에 나와 다를 뿐
     인 거지… 너와 내가 서로 다르지만 우리는 모두 같은 사람이
     야라고 하는. 사실 상대를 내가 인정한다는 건 굉장히 내가 이
     렇게 위에 있는 그런 거잖아요. 그리고 내가 인정 안 해도 이
     사람이 있는 거잖아. 그러니까 서로 존중을 하는 그게 맞다
     고… 제가 참 되어가려고 노력 중인 것 같아요.

     여성활동가들은 자신을 '페미니스트'로 규정하는 데 매
우 엄격하였다. 페미니스트라면 당연히 이러이러한 삶을 살아
야 한다는 기준에 못 미친다는 윤리적 판단과 페미니즘에 대한
본인의 고정관념, 사회의 적대적 반응 때문일 것이다. 남초 사
업장 노동조합 안에서 유일한 여성 간부로서 여성 대의원을 조
직하고 여성 사업을 확장해나가는 데 '페미니스트'로 규정되는
것이 활동을 위축시킬 수 있다는 염려도 작용하였을 것이다.
한편으로는 자신이 맡은 여성 사업과 페미니즘을 연관 짓는 데
소극적인 면도 있었지만, 이들이야말로 작업장 안에서 성평등

을 확대하기 위하여 페미니즘적 실천을 지속해온 주체들이다. 미래의 여성활동가 또한 이들이 조직하고 있다.

노동조합의 여성활동가, '페미니즘 실천가'

나는 현장활동가로 장기간 실천하면서 노동조합 집행부로부터 '여성' 간부 역할을 여러 차례 제안받았다. 그때마다 이를 완강하게 거부했다. 노동조합은 여성 노동자의 권리 쟁취와 노동조합 성평등을 위한 집단적 책임과 전망을 계획하면서 여성 간부가 필요하다고 판단한 것이 아니었다. 내가 받은 토크니즘(tokenism)* 수준의 제안은 그 자체로 거부하기에 충분한 명분이 되었다. 무엇보다도 나 스스로 '여성' 간부가 아닌 '노동조합 간부 또는 현장활동가'로서의 정체성을 강조했기 때문에 노동조합의 제안을 수용할 여지가 없었다. 당시 나는 '여성' 간부의 활동을 현장 전반의 문제에 개입하여 노동과 자본의 세력관계에서 노동자가 우위를 점하도록 변화시키는 현장 중심적 활동으로 인정하지 않았다. 여성 사업을 전담하는 여성 간부는 '여성'이라는 부문에 국한되는 협소한 실천에 갇힌다고 생각했다. 내가 활동가, 노동운동가가 아닌 노동조합의 '여성' 간부로 규정되는 것을 원하지 않았다.

이 글에는 이와 같은 나의 오랜 실천과 태도가 변화한 계

---

* 여성, 장애인, 소수인종 등 사회적 소수자를 주류사회의 조직에 포용하여 평등하고 공평한 외형을 갖추는 것을 의미한다. 권력의 실질적 지분은 소수자와 나누지 않으면서 마치 차별이 개선된 듯한 착시효과를 노린다.

기와 성찰의 의미 또한 담겨 있다. 남성 중심의 사업장에서 현장활동가로 정체화해온 여성활동가가 자신의 지난 활동 방식을 "또라이 같은 행동들"*이라고 표현한 것에 나도 동의한다. 나는 나의 여성성을 극도로 배제하고자 했고 여성성을 이유로 활동을 제약받을 수 없다는 생각으로 마치 여성성이 존재하지 않는 것처럼 (나의 여성성을) 외면했으며 "일반 여성들에게 중요한 경험을 마치 다른 사람의 일처럼 타자화했다."[70] 내가 만난 여성활동가들 가운데 여럿이 나와 다를 것 없이 활동해왔다. 그런데 이들은 앞에서 서술한 것처럼 여성의 생애 주기와 작업장에서의 갈등, 여성성과 노동자성의 충돌, 남성이 기본값인 작업장과 노동조합에서의 소외를 경험하면서 여성으로서의 정체성을 자각하고 페미니스트 여성활동가로 위상을 정립하였다. 페미니즘은 이들에게 이론에 그치지 않는 실천의 기준이 되었다. 나아가서 페미니즘을 매개로 작업장 너머 여성들과 네트워크를 형성하고 공동 실천을 쌓아갈 수 있었다.

여성활동가가 노동조합의 간부로 일하는 것은 여성 의제나 관심사가 노동조합의 정책이나 활동에서 공식화되는 효과를 갖게 됨은 물론 여성들에게 노동조합이 여성을 위해서도 일한다는 생각을 갖게 해준다. 나아가 여성 리더 모델은 노동조합 지도부가 남성으로만 이루어진 세계가 아니며 여성도 노동조합 지도부와 문화의 일부로 인정되고 있다는 시그널을 보냄

---

* A에게 이 글의 취지를 설명했을 때 A는 강한 동의를 표시하면서 지난 활동 방식을 이렇게 표현했다.

으로써 여성들에게 도움을 준다.[71] 여성활동가들은 작업장 여성 노동자들의 실질적이고 구체적인 권리 확보를 위해 투쟁했고 성과를 남겼다.

A 여성들이 많이 늘어나니까 휴게실 문제도 그렇고 싸워야 될 일이 되게 많았거든요. 성희롱 문제에 직면해서 싸워야 되는 이런 때 거기에 맞서 1인 시위도 같이하고, 유사산했는데 휴가가 없거나 기관사인데 임신하면 지방 지역본부로 (가서) 일을 하라고 하거나 등등… 다른 노동조합 여성위원회의 경험들을 가져와야 되고 규약이나 제도도 바꿔야 되고… 여성위원회 출범, 조직문화혁신위원회 구성과 여성 조합원 직종별 간담회, 교육사업에 여성 조합원이 참가할 수 있도록 업무 협조받고 연가비 지원해주고… 그러니까 **결국은 주체의 문제**인 것 같아요. 그 사업을 주체적으로 끌어갈 수 있는 사람들이 있는가, 그게 있고 없는 게 너무 큰, 거의 100%를 좌우하는 것 같고. 그러려면 아까 말했듯이 결국은 **재정적인 문제와 전임자 유무가 중요하다**고 생각하거든요.

여성 간부는 여성활동가 정체성의 매우 중요한 부분이지만 여성활동가와 동일한 개념은 아니다. 여성 간부는 노동조합의 질서와 규칙에 따를 것을 요구받는다. 여성 간부의 자율성, 사업 확장의 범위와 노동조합 내부에서의 수용 정도, 여성 간부에게 열려 있는 '연단'의 활용과 관련하여 노동조합과 긴장하고 갈등할 수밖에 없다.

　여성활동가는 의식적으로 노동조합으로부터 자율성과 독자성을 확보해야 한다. 노동조합 내부에서의 활동과 동시에 독자적인 페미니즘적 사고와 실천이 필요하다. 현실적으로 여성활동가들이 현장에서 노동조합이라는 토대 없이 조직적으로 활동하고 실천할 수 있는 여지는 거의 없다. 그러나 노동조합의 관료주의 혁신, 가부장성 타파, 위계와 서열을 벗어난 수평적 구조의 추구, 기득권의 포기 등 현재 노동조합이 보여주고 있는 다양한 문제들을 극복해나갈 주체는 바로 여성활동가들이다. 여성활동가 실천의 목표는 여성을 노동조합 안에 양적으로만 증가시키는 것이 아니다. 관료화된 현재의 노동조합에 숨을 불어넣어 유지하고 재생산을 원활하게 하는 것만이 여성활동가의 목표일 수는 없다.

　엥겔스는 "남성 노동자 계급은 남성 지배의 확립을 위한 아무런 동기가 없다. 그들에게는 그렇게 할 수단도 없다. 남성 지배를 보호하는 부르주아법은 오직 유산자들과 프롤레타리아 통제를 위한 것이기 때문에 가난한 노동자의 아내에 대한 지위에는 아무런 효력을 갖지 못한다"[72]라고 선언했다. 남성 노동자와 여성 노동자가 노동자로서 단결하여 자본에 맞서는 투쟁에 함께해야 한다는 의미에서 엥겔스의 선언은 옳다. 그러나 남성 내부에 작동하는 자본의 논리, 지배관계를 유지하고 재생산하기 위해서 필요한 권력관계, 이데올로기의 복합적 작용, 노동자 내부의 계층화, 여성과 남성이 단결하지 못하는 오늘의 현실에서 엥겔스의 선언은 더욱 심층적으로 시대적 상황에 맞게 재해석되어야 한다.

페미니스트 여성활동가가 만든 성과

여성활동가들이 현장에서 치열하게 투쟁하여 쟁취한 성과들이 가시화되고 있다.

가장 먼저 여성활동가들이 요구한 것은 작업장에서 여성이 '노동자'임을 인정하라는 것이었다. 이들은 여성을 끊임없이 성적 대상으로 호명하고 남성보다 열등한 존재로 취급하는 관행을 지적하고 여성이 조직문화에 맞서서 노동하는 주체임을 주장하였다. 남성 노동자와 다르게 오직 여성만 결혼 여부를 기준으로 다른 호칭을 부여하는 관행, 작업장에서의 공사 구분을 강조하면서도 유독 여성에게는 '아줌마', '여사님', '이모', 심지어 '찬모'라는 가족에 빗댄 호명이 이루어졌다. 활동가들은 이처럼 여성의 노동을 성역할로 노골화한 호칭을 거부했다. 한 사람의 노동자로 자격과 이름을 인정받고자 투쟁했고 바꿔나갔다.* 여성 노동자에게만 차별적 등급을 적용하여 임금과 승진에서 불이익을 주던 성차별적 관행을 없애고 여성 노동자도 남성과 동등한 승급, 동일한 임금 체계를 적용토록 하였다.

또한 여성이 노동자로서 노동하기 위해 필요한 조건을 요

---

* 건설노조 현장에서는 여성 노동자의 이름을 부르자는 스티커를 배포하기도 했다.

구하고 열악한 노동환경을 개선하였다. 작업장에 여성 노동자가 작업복을 갈아입을 공간과 씻고 쉴 공간이 마련되어 있지 않다는 것을 폭로하고 화장실조차 없는 현실을 바꾸기 위해 언론 홍보와 법률 정비를 지속해서 요구하고 있다. "여성들의 어떤 조건이 좋아지면 남성들은 당연히 좋아지는 것"(E)이기 때문에 여성활동가들이 투쟁하여 쟁취한 노동조건의 개선은 작업장 전반의 노동조건 개선으로 이어지고 있다.

여성활동가들은 작업장 성평등 문화를 만들어나가는 맨 앞에 서 있다.

여성활동가들은 '작업장 성평등 권리장전'의 제작,* 노동조합 성평등 규약의 제정과 성폭력처벌매뉴얼의 작성, 노동조합 간부와 조합원을 대상으로 하는 성평등 교육 실시, 작업장에서 발생한 성폭력 문제 해결을 위한 노사공동 조직의 설치와 참여, 조직문화혁신위원회 구성, 조직문화의 진단과 대응책 마련 등 광범위한 활동을 전개했다. 노동조합이 주체가 되어 '성평등 (모범)단체협약안'을 만들었다.** 물론 성평등 (모범)단체협

* 사례로 「한국지엠 권리장전」을 들 수 있다. 권리장전은 조합원이 모든 영역에서 차별받지 않을 권리를 지님을 선언하고, "조합원의 권익 향상과 조직 내 성평등 문화 확산"을 위한 기본적 권리와 의무를 선언하고 있다.

** 대표 사례로 금속노조가 2021년 12월에 개정한 '모범단협안'을 들 수 있다. '모범단협안'은 신규로 조직된 노동조합이 단체협약을 체결할 때 기준으로 삼는다. "개정 모범단협안에 따르면 '배우자'는 법률상 혼인 여부와 관계없이 사실혼 관계의 배우자 및 동거인을 지칭한다. '가족'의 정의도 법률상 혼인으로 성립된 가족 외 성적 지향과 성별 정체성을 고려해 다양한 가족 형태를 포함하도록 권고했다. 특별휴가(경조휴가)·경조사비·의료비·수당·돌봄휴가 등에서 동성가족도 차별 없이 제도를 적용받을 수 있도록 한 것이다. 남성 노동자의

약안은 노동조합과 자본이 합의하여 서명한 협약서가 아니다. 현장의 노동자들조차 성평등 단체협약안을 모르고 있기도 하다. 그러나 성평등 단체협약안은 작업장 성평등의 기준을 제시하고 있다.

여성활동가는 투쟁을 위임하고 성과를 기다리지 않았다. 여성 스스로 권리를 쟁취하는 주체로 나서서 위해 여성 노동자의 요구를 안건으로 상정할 것과 교섭위원 자격을 요구했다. 금속노조 현대자동차지부 노동조합의 지난 35년 역사에서 여성이 교섭 테이블에 앉은 경우는 단 한 번도 없었다. 노동조합 내부의 맹렬한 반대와 방해가 있었지만 결국 이겨내고 노동조합 역사상 처음으로 여성이 단체협상 자리에 대표로 참석했다.*

육아활동 참여를 사업주가 보장하도록 했다. 예를 들어 과거 2년 미만 영아를 가진 '여성 조합원'에 한정돼 적용됐던 수유시간 보장 조항을 남성에게도 적용될 수 있도록 했다 (…) 이 외에도 고용 및 노동조건, 노조가입 여부에 따른 차별금지, 폭력·성폭력·일터괴롭힘 같은 물리적·정신적 위해에서 보호 등의 내용도 추가됐다. 직장내 성폭력·일터괴롭힘 발생 시 '조치-징계-재발방지-불이익 금지-예방' 등 사업주 의무 사항을 세분하고 체계화했다(강예슬, "금속노조 7년 만에 모범단협 개정", 〈매일노동뉴스〉, 2021.12.22).

* 다음 내용은 2023년 민주노총 여성활동가대회에서 H가 단체교섭위원으로 참석했던 경험을 발표하여 공유한 것이다. 노동조합 역사 35년 만에 여성이 교섭위원으로 단체교섭에 참여했다는 사실은 매우 중요하다. 더 중요한 것은 그 결과를 만들기까지의 현장 활동과 현장 조합원을 조직하고, 여성활동가와 여성 대의원, 여성 조합원들이 함께 만나고 의견을 수렴하고 확정하는 전체 과정, 내부 반발을 뚫고 전진하는 치열함과 행동력, 여성 노동자의 조직적 성과로 수렴하는 전 과정이다. 그 의미를 살리고자 전체 발언 중 일부를 인용하였다.

H (…) 무너지지 않을 것 같았다. 단체교섭위원 그것이 무엇이라고 여성이 하고자 함은 배부른 자리 욕심으로 치부되고, 의미 없는 군더더기 객군으로 취급을 받아야 하는지… 그런 여러 가지 정황들을 뒤엎고, 올해 노조에 작은 변화를 가져올 수 있었던 것은 절대 우연한 기회였다고 생각하지 않는다. 그 중심에는 여성할당 대의원들의 역할이 분명하게 있었고, 오래된 현장의 고정관념을 깨어내는 것, 그것부터가 시작이었다. 혹자는 여성할당 대의원은 그냥 거수기 노릇만 하는 거추장스런 존재로 치부하기도 하는 등 현장에서의 여성할당 대의원의 입지는 거의 없는 상황이었다… 여성 대의원들 역시 적극적인 현장활동을 함으로써, 지부 내 여성할당 대의원들이 함께 활동하고 있다는 것을 조금씩 보여주기 시작하였다. 정기적으로 진행하는 여성할당 대의원으로 구성된 여성위원회에서 각종 현장의 여성 조합원 고충 사항을 점검하고, 개선방향을 논의하며 매년 분기별로 진행하는 노사협의회에 여성 조합원 근무환경 개선 및 임산부 처우 개선 등 여러 가지 여성 관련된 안건을 상정할 수 있게 단초를 마련하였다.

그렇게 시작이 된 것이다. 여러 가지 여성 관련 안건들을 상정하면서 노사협의 논의 테이블에 당당하게 노측 협의위원으로 함께하였고, 이에 대응하는 사측 역시도 관리직 여성을 사측 협의위원으로 명단에 올리면서 22년 3/4분기 노사협의는 그렇게 노사가 함께 여성이 협의 테이블에 앉는 작은 변화가 시작되었다.

이런 기세를 몰아 23년 단체교섭을 준비하며, 온갖 머리를 쥐어짜내어 단협요구안을 마련하였고, 그 단협요구안이 대의원대회에까지 통과될 수 있도록 내부적인 온갖 논란과 문제 제기를 다 이겨내며 결국엔 현대차지부 23년 단체교섭 별도요구안 1건과 여러 단협 개정안을 상정하였다. 내부적인 반대의 핵심은 대상자가 너무 한정적이다, 역차별이다, 실현 가능성이 없는 요구안이다 등 솔직히 내부의 벽을 뛰어 넘기가 너무 힘들었다.

안건 상정 후 마지막으로 대의원대회에서 여성 관련 안건과 단체교섭위원으로 확정 승인받는 일만 남았었는데, 마지막까지 보이지 않는 벽에 부딪혀 주저앉을 뻔한 상황도 있었다. 단체교섭위원 33명 명단이 제출되었고, 여성실장은 단체교섭위원 교차 참석위원이라는 이름으로 명단에 누락되어 있었던 것이다. 한마디로 안건이 있을 때만 참석하는 후보선수인 것이다. 바로 문제 제기를 시작했다. 교차 참석위원이 도대체 뭐냐고, 정말 이렇게밖에 할 수 없는 거냐고, 현대차지부 내 2천3백 명의 여성 조합원을 대표해서 단체협상 테이블에 앉는 게 이렇게 힘든 거냐며 할 수 있는 문제 제기는 다 한 듯했다. 그리하여 대의원대회에서 안건 확정 승인을 하며 단체교섭위원 33명에서 1명을 더 추가하여 34명으로 확정하는 결과를 만들어낼 수 있었다….

그렇게 23년 단체교섭이 시작되었고, 시작부터 노조는 사측을 상대로 큰소리를 친다. 노동조합 36년 역사상 처음으로 여성이 단체교섭위원으로 당당하게 자리하고 있다. 회사도 이런 변화를 함께했으면 좋겠다는 말을 마치 그들이 변화하여 만들어낸 노동조합의 모습인 양 이야기하고 있다. 지난 과정을 생각하면 참 씁쓸하지만, 이렇게 큰소리치며 노조의 변화를 회사 앞에 당당하게 이야기하는 것이, 이 변화가 이번 한 번만이 아닌 앞으로 지속 가능한 변화가 될 것이라는 생각으로 속에서 밀려오는 화를 한 번 삼켜내는 인내심을 갖기로 했다. 올해 23년 현대차지부 단체교섭은 많은 이슈가 있지만, 별도요구안으로 제출한 일·가정 양립과 저출산 대책 마련이라는 안건이 시작부터 제대로 언론 이슈화가 되고 있다. 이런 분위기를 몰아 그에 괄목할 만한 결과를 만들어내기 위해 단체교섭위원으로 최선을 다할 것을 이 자리를 빌려 다시 한번 다짐해본다.

페미니스트인 여성활동가가 이룬 가장 중요한 성과는 페미니스트 여성활동가가 여성 노동자를 조직하는 과정의 핵심에 페미니즘이 있다는 것, 그렇게 여성 노동자를 페미니스트 여성활동가로 조직하고 있다는 점이다.

건설노조에서는 여성활동가들이 세심하게 기획하고 주도하여 기능학교에서 배출한 여성 노동자가 남초 사업장에 들어가는 기회를 만들었다. 형틀목수로, 먹반장, 작업팀장으로 여성 노동자가 성공적으로 자리 잡으면서 더 많은 여성 노동자들이 새로운 일자리에 진입하는 길을 열고 있다.* '킹산직'이라고 불리는 자동차 공장 신입 직원 500명 채용에 6명의 여성 노동자가 최종 합격했다. 너무 적은 숫자이다. 그런데 이 결과는 해당 사업장의 여성활동가와 산별 여성위원회에서 나서서 여성 노동자의 채용을 요구하고 공론화한 성과였다. 해당 사업장의 인사팀장은 "자꾸 떠들어서 안 뽑을 수 없었다"고 볼멘소리를 냈다. 전체 신규 채용의 10%도 아닌 1%의 여성 노동자 채용조차 여성활동가들이 투쟁하여 만든 성과였다.** 여성활동가들은 남초 사업장에 입사한 여성 노동자가 적응할 수 있도록 지원하고 여성 노동자를 조직하는 사업을 분리주의적 행태로 비난하는 남성 중심적 노동조합에 맞서서 남초 사업장 내부 소수자의 권리를 지켜나가고 있다. 노동조합에 여성의 자리를 요구하여 여성할당제를 도입하는 것뿐 아니라 할당제로 간부가 된 여성 노동자가 여성활동가로 성장할 수 있도록 함께 고민하고 학습하고 실천하는 것도 이들이 하고 있는 활동이다. "성평등 교육이 내 인생에 사고의 전환점"이 되었다고 확신하는 여성활동가 (L)는 성평등 교육 "홍보대사"를 자처하여 여성 간부와 여성 노

---

* 현재, 건설노조는 여성 노동자를 건설 현장의 양성공으로 교육하고 현장에 배치하여 조합원으로 조직하는 활동이 매우 어려운 상황에 처해 있다. 윤석열 정부의 집중적인 탄압으로 건설노조의 조합원 숫자가 급격하게 줄었고, 단체협약을 보장받는 현장에서 일하던 조합원의 숫자도 22년 12월 기준 약 4,000명에서 24년 현재 300명 수준에 그치고 있다. 여성 조합원 80명이 일하던 현장에 지금은 여성 조합원이 4명에 불과한 상황이다.

** 2차 신입 직원 채용의 경우 여성 노동자 채용은 단 한 명도 없다. 회사가 무시할 수 없는 '자꾸 떠드는 소리'를 만들지 못한 결과로 보는 것은 과도한가?

동자들에게 페미니즘을 공부하자고 제안하였다. 그 영향으로 산별 간부들이 대거 성평등 교육을 받았고 자체적으로 교육 프로그램과 교안을 만들었다. 그리고 여초 사업장인데도 남성을 기준으로 만들어져 있던 관행을 바꿔냈다.

L   저는 그게 제일 기분이 나빴어요. 그때 저희가 만들고자 했었던 거는 경조사가 워낙 남성 중심으로 돼 있는 거예요. 이모나 외조부모, '외' 자가 붙으면 경조사가 없고 이런 것들에 대해서 "경조사의 성평등화를 우리가 만들어보자" 그런 문구를 만들어서… 지금은 많이 바꿨어요. 성평등이 아니라는 것조차도 인식을 못 하고 있는 게 너무 많아요. 근데 이 경조사 자체도 얘기를 해주니까 그렇지 그냥 이렇게 돼 있는 거야 하는 순간 그런가 보다 하고 넘어가는데… 그래서 저는 교육이 너무 중요하다라는 생각이 그때 들었어요.

    페미니즘을 실천의 기준으로 정립한 여성활동가들이 여성 노동자들과 함께 여성의 위치를 굳건히 지키면서 민주적이고 성평등한 작업장, 노동조합을 만들기 위해 투쟁하고 있다.

4부

지속 가능한
활동을 위하여

여성활동가들은 노동조합의 여성 사업, 현장에서 발생한 성폭력 해결에 국한되지 않는 다양한 영역에서 활동하기를 원한다. 그런데 여성 조합원을 조직하고 다양한 사업을 시도하는 데 지원을 아끼지 않던 집행부가 임기를 마치면 여성 사업 담당자의 임기도 끝난다. 다음 집행부가 여성 사업에 별다른 의지가 없으면 여성 사업의 연속성과 지속성은 담보되지 않는다. 여성활동가들은 작업장의 페미니스트들이다. 여성 노동자 페미니스트로서 이들의 경험과 의욕, 능력을 소진하지 않고 조직 내 여성 노동자와 연결하고 실천을 이어가는 것이 반드시 필요하다. 어떻게 만들 수 있을까? 지금까지 이들 여성활동가들을 조직해낸 방식과 함께 더 효과적인 방안이 모색되어야 한다.

여성활동가 재생산의 조건

여성활동가는 어떻게 재생산될 수 있을까? 가장 첫 번째 조건은 여성활동가 스스로 여성 노동자에게 길잡이가 되어주는 것이다. 여성 노동자가 진입하지 않은 남성 중심의 현장에 앞서서 진입하여 여성 노동자가 들어올 수 있도록 기반을 닦고, 여성 대표성을 어떻게 실현할 것인지 함께 고민하고 연대하고 있는 여성활동가, 여성활동가의 존재 그 자체가 필요하다. 두 번째로, 노동조합의 가부장성을 극복하고 페미니즘적 실천을 확장하기 위해서 여성 노동자가 노동조합에 적극적으로 진입해 들어가야 한다. 노동조합의 관점과 실천 방식에 동화하는 여성 간부를 배출하기 위한 것이 아니라 노동조합의 가부장성을 폭로하고 여성적 요구를 제출하고 여성 노동자를 조직하기 위해서이다. 남성 중심적인 문화를 여성 노동자 친화적인 방향으로 바꾸자고 제안하고 여성 노동자에게 이로운 것이 남성 노동자에게도 좋은 것임을 설득하기 위해서는 노동조합에 여성의 공간을 확보해야 한다. 세 번째로, 현재 노동조합 권력의 하부 단위에 편중된 여성할당제를 여성 노동자가 활동가로 성장하고 훈련하는 기회를 확보할 수 있도록 노동조합 각 단위로 광범위하게 확대해야 한다. 이와 같은 조건을 현실로 만드는 것은 여성 노동자와 페미니즘의 결합, 페미니즘 이론과 실천의 결합 속에서 가능하다.

여성, 여성의 길잡이

D는 타워크레인 기사다. 여성이 타워크레인 노동자로 일하는 것은 잘 알려지지 않았지만 그 수는 전국적으로 100여 명에 이른다. D는 탱크로리 운전, 버스 기사, 타워크레인 기사 등 여성 노동자를 만나기 쉽지 않은 현장에서 계속 일했다. 작업장에서 여성 차별을 겪지 않기 위해서 개인적으로 기능을 익히고 자격증을 땄다. D의 개인적 선택은 앞서 존재한 여성 노동자들이 있었기 때문에 가능했다. 현재 D는 건설연맹의 부위원장이며 여성위원장으로 "현장 여건을 자꾸 좋게 만들어가면 젊은 동지들이 들어오지 않겠나" 하고 노력 중이다. D보다 먼저 건설 현장에서 다른 어느 지부보다 앞서서 타워크레인지부에 여성위원회를 만들고 조직한 여성활동가들이 있고 지금은 D가 그 역할을 이어가고 있다. D는 건설 현장에 엄연히 존재하는 여성 노동자들을 기준으로 안전 장비를 경량화할 것, 안전모·안전화를 여성 신체에 맞게 제작하여 지급할 것을 요구하고 있다. 화장실·휴게실 설치 의무의 법제화 요구 투쟁에도 앞장서고 있다.

D   제가 처음에 버스를 넣는데요. 신문 보고 제가 처음으로 학원에 이렇게 문의했을 때, "여성들은 없어요" 이랬어요. 그랬는데 어느 날 신문에 한 이만하게 난 거예요, 서울 여성 버스 기사! 그래서 제가 이걸 오려가지고 농에다가 딱 붙여놓고, "할 수 있구나!" 그런 거죠. 저를 보면서도 "나도 할 수 있겠다!" 이

런 생각을 할 수 있는 분들이 있으시고 제가 도움이 됐으면 좋겠습니다.

그런가 하면 한편에서는 여성할당제에 의해 선출된 여성 대의원들이 어떤 권한도 책임도 주어지지 않아서 답답한 상황을 하소연하고 있다. 제대로 역할을 하고 싶어 하는 여성 대의원들과 머리를 맞대고 여성할당제를 어떻게 보완할 것인지 고민하는 것도 여성활동가의 몫이다.

H 지금 이렇게 의욕 넘치는 친구들이, 이런 제도적인 문제나 사람들이 기존에 갖고 있던 활동가들에 대한 고정관념 이런 것 때문에 제풀에 지가 쓰러져가지고 활동 안 한다고 해버릴까 봐, 그게 제일 걱정이죠. 그래서 맨날 다독이잖아, 지치면 안 된다고. **"우리가 먼저 진짜 포기하면 우리가 지는 거다, 절대 포기하지 말자. 같이 가자, 같이 가자"** 이런 거죠.

E는 자신을 페미니스트로 정체화한 후에 여성 노동자들의 성차별적 상황을 더 선명하게 볼 수 있었다. E는 여성 노동자가 현장에서 버텨내도록 격려하고, 노동자성을 인정받고 여성의 영역을 구축할 수 있도록 여성 노동자들과 함께 학습하고 여성 노동자를 조합원으로, 활동가로 조직해나가고 있다. "사람들은 건설 현장에 여성이 없다"라고 생각하지만, 건설노조의 기능학교를 통해서 여성 노동자를 조직하였고, 2022년 현재

그 수는 100여 명을 넘었다. E는 여성 노동자들이 정착하고 버텨낼 수 있기를 바라면서, 각각 자기 일터에 고립되어 동떨어져 있던 여성 노동자들이 만나고 인사하고 하소연할 수 있도록 '여성 노동자수련회' 자리를 만들었다.

E   "그동안 나 엄청 힘들었다" 이러면서 그 자리에서 울기도 하고 그러니까 이제 막 힘을 얻어가지고 갔죠. '내가 이제 혼자가 아니구나.' "현장에서 혹시 이런 일이 있으면 예를 들어 성희롱을 한다든가 그런 발언을 했을 때는 혼자서 숨어서 울거나, 씨 더러워서 못 하겠다고 그냥 집에 가지 말고 바로 그 자리에서 즉시 얘기해라", "얘기해도 안 되면 지부에다가 일러라" 뭐 이런 얘기를 하면서, "그럼 우리가 공동으로 대응하자" 이런 걸 한 거죠. 여성 조합원들끼리만 가가지고… 그러니까 그 자리에서 여러 사람들이 같이 모여서 자신들의 어려움도 토로하고 또 이제 공감대를 형성해가지고, 이제 그 당시에 "우리가 성평등, 우리 조직 내 어떤 성평등, 현장 내 성평등을 위해서 이런 실천을 하자" 이런 것도 결의하고 이런 자리를 가지게 됐어요.

E는 "수련회 이후 여성 조합원들의 분위기가 한층 달라졌고", "지부 기초학습팀에도 여성들을 한 명씩 참여하도록 하고 있고 계속 여성 조합원들을 좀 키워내려고, 한편으로는 도면 교육, 역량 강화 교육도 하고, 어떻게든 여성들이 자리 잡아서 기능공에 머무르지 않고 팀을 주도하고 팀장도 하고 그런 사람

들을 만들어내려고 하고 있다"고 말하였다.

L은 어른들이 말한 그대로 "노동조합 그런 데 들어가서 빨간 물 들면 안 돼"라고 생각하고 있었는데 같은 재단 다른 지부의 여성 지부장이 "노동조합의 필요성을 워낙 강조하고 노동조합 관련한 많은 이야기들을 해주면서 가입을 독려했기 때문에 자의는 아니었지만 다른 간호사들과 함께 대거 노동조합에 가입"한 것이 노동조합과 연결되기 시작한 계기였다. 남성 중심으로 구성되어 있던 집행부의 회계 비리를 계기로 여성 조합원들은 노동조합 지부장을 여성으로 교체했고 L은 여성 지부장을 맡았다. 노동조합을 찾아오는 조합원들에게 "문턱이 낮은 노동조합, 여성 노동자들에게 보험 같은 노동조합, 이야기를 들어주고 함께 고민하는 노동조합"이 되고 싶어서 상담 공부를 따로 했다. 여성주의를 공부하고 나서는 조합원 교육에 페미니즘을 담고 조직문화를 바꾸기 위해 궁리하고 시도했다.

L   여기 조직은 상하예요. 정말로 의료계는 업무에 따라서 다르긴 하지만 의사와 간호사 의료기사 이런 직군마다의 계급과 같은 그런 게 있거든요. 근데 가장 평등해질 수 있는 건 업무상이 아니라 인간으로 존중하는 관계 속에서는 다 똑같잖아요. 그래서 성평등을 코드로 가져가면서 의사들과의 어떤 그런 갭을 정말 많이 평준화시킨 게 제가 정말 마음에 뿌듯하다고 할까요? 그리고 3.8 여성의 날, 저희는 거의 90% 이상은 3.8 여성의 날을 알 거예요. 근데 저조차도 이거 하기 전에 3.8

여성의 날 행사를 안 했었어요… 제가 봤을 때는 그러니까 돈을 얼마 올렸어요, 어떤 단협을 땄어요, 이런 게 아니라 사람들의 인식을 변하게 만들 수 있는 이 자리가 너무나 중요하다는 생각이 들더라구요.

지부장을 하면서도 3.8 여성의 날 행사를 따로 하지 않았던 L은 페미니즘을 공부하고 나서야 3.8 여성의 날을 기념하기 시작했다고 말했다. 이제는 지부뿐만 아니라 산별 여성위원회와 지역본부에서도 3.8 여성의 날 행사를 광범위하게 하고 있다. L이 속한 산별노조는 여성 다수 사업장이어서가 아니라, 조직 내에 L과 같은 페미니스트들이 다수 포진하고 있기 때문에 다른 현장보다 더 의식적으로 페미니즘을 학습하고 다양한 사업을 기획하는 게 가능했고 계속하고 있다.

여성활동가가 작업장 여성 사업의 주체라는 것은 의심할 여지가 없다. 그러나 여성활동가는 자신의 활동을 여성 간부의 역할, 여성 사업에만 한정하기를 원하지 않는다. K는 여성 조합원, 여성활동가와 친밀감을 형성하고 상호 지지하면서 소통하는 관계가 되어야 하지만 여성활동가들이 일종의 게토로 밀려나서 주변화되고 대안세력에서 배제되는 것은 바람직하지 않다고 보았다. 여성활동가는 노동조합 안에서 공적인 활동을 할 필요가 있으며 과정에서 집행부와의 관계를 어떻게 가져가야 할 것인지는 공적 역할을 기준으로 판단해야 한다고 말한다.

K   여성 조합원들에게 든든한 곁이 되고 싶다. 그런데 어떻게 손 내밀어야 할지 고민하고 있다. 나의 활동의 영역을 확보하고 확장해서 (여성 조합원들에게) 닿기를 바란다. 그러기 위해서 나는 내가 나의 일로 나댄다는 말을 듣고 존재감을 보여주고 나를 드러내는 것이 필요하다. 노동조합을 떠난 나의 범위를 확장하는 것도 필요하다. 이 모든 것이 나다.

여성활동가가 여성 노동자를 활동가로 조직하고자 애쓰는 상황은 남초 사업장, 여초 사업장 구분이 없었다. 지금 현장에서는 여성 노동자 곁의 여성활동가, 페미니스트임을 선언한 여성 리더가 페미니스트 여성활동가 재생산을 계획하고, 실천하고 있다.

여성의 노동조합 참여

노동조합은 한국 사회에서 노동자들이 조직할 수 있는 유일한 자율적 대중조직이다. 이는 남성 노동자와 여성 노동자 간에 차이가 없다. 노동자 계급을 대표하는 정당이 존재하지 않는 현실에서 노동조합은 현장에서 자본의 일방적 질서에 대항하여 노자관계를 재편하는 주체였다. 어떤 경우에는 노동조합이 현장의 노동자들을 배신하고 자본에 순응하기도 했고 노동조합이 노동자성을 망각하고 자본과 타협하여 그 고통스러운 결과를 조합원들이 고스란히 감당해야 하는 경우도 있었다.

그렇지만 노동조합은 조합원들에게 꼭 필요한 조직이다. 노동조합 이외에는 자본과 대적하거나 협상할 수 있는 작업장 조직이 존재하지 않는 상태에서 노동조합은 노동자가 활용할 수 있는 거의 유일한 조직이기 때문이다.*

남성 노동자, 여성 노동자 동일하게 '노동조합'만이 고용보장의 방패, 노동조건을 사수할 수 있는 보호막이 되고 있는 게 현실이다. 여성에게는 '노동조합'이 더욱 중요하다. 노동조합의 권력을 남성이 장악하여 가부장적 문화가 일상화되어 있는 현실, 노동조합의 다수 남성 간부들이 '페미니즘' 의제에 무지하고 여성 노동자 친화적으로 문화를 바꿀 의지를 보이지 않는 현실에서도 노동조합은 여전히 중요하다. 여성 노동자가 기댈 곳은 노동조합밖에 없기 때문이다.

노동자에게 노동조합은 '일종의 보험'이다. 노동자의 정치적, 경제적, 사회적 위치가 매우 취약한 한국 사회에서 노동조합이 노동력의 판매 조건을 개선하고, 자본의 공격으로부터 노동자를 방어하는 최소한의 역할을 하기 때문이다. 극단적 약육강식이 폭력적으로 관철되고 개인적 생존이 강요되는 사회에서 노동조합은 조합원에게 자본의 공격을 방어할 수 있고 믿

---

* 1990년대 중후반기에서 2000년대 초중반까지 현장에는 노동조합을 견제하고 전노협 정신으로 대표되는 노동자성(자주성, 민주성, 투쟁성)을 압박하는 노동운동가 조직이 '현장조직'이라는 이름으로 각 단위 사업장에 존재했고 지금도 일부 사업장에 남아 있다. 그렇지만 현장조직은 초기의 급진성을 잃었다. 노동조합 집행부 이중대라는 비판을 받거나 각 현장조직이 돌아가면서 집행부를 맡는 등 역할과 의미가 축소되었다. 현재 현장조직의 독자적 운동성은 전무하다.

을 구석이 있다는 최소한의 심리적 안정감을 줄 수 있다. 노동 조건의 일부를 개선하는 성과는 노동조합이 존재하기 때문에 가능하다.

노동조합이 "노동조건 개선에 도움이 될 것이다"라는 인식에는 성별이나 연령, 사업장의 특성, 노조 가입 및 간부 활동 경력 등과 상관없이 전반적으로 긍정하고 있지만, "정부나 기업을 상대로 조합원의 요구를 관철할 만한 힘을 보유하고 있는지"에 대해서는 여성일수록, 공공부문 사업장일수록, 그리고 노동조합 가입과 노조 간부 활동 경력이 짧을수록 더 긍정적으로 나타났다.* 여성 노동자가 노동조합을 더 긍정한다는 것은 고용시장에서 여성이 상대적으로 더 열악하고 더 개별화되어 있음을 인지한다는 방증이다. 노동자뿐만 아니라 자본도 노동조합 존재 여부에 따라 행위 양식이 달라진다. 자본이 사업장 매각을 앞두고 있거나 공적 자금 투입을 요구하는 경우 인수 자본 또는 정부는 노동조합의 협조 여부를 핵심 조건으로 요구한다. 노동조합에 만족감이 크지 않더라도 한국 사회에서 노동조합을 대체할 수 있는 조직은 없다. 노동조합이 노동자의 계급적 이해를 반영할 수 있는 전략적 조직일 수는 없지만, 노동자의 피해를 최소화할 수 있는 유일한 수단으로서는 기능하고 있는 것이다.

* 먼저 여성의 긍정적 응답은 53.9%로 남성(43.6%)에 비해 높았으며 부정적 인식은 남성 21.1%, 여성 12.1%로 나타났다.(이재훈, 「공공운수노조 간부의식 조사 결과보고서」, 사회공공연구원, 2019, 17)

자본과 노동자의 대립 관계는 남녀 노동자가 동일하게 경험한다. 상대적으로 여초 사업장은 여성 노동자가 노동조합을 주도할 가능성이 크다. 여성 노동자의 숫자가 압도적으로 많기 때문이다. 물론, 노동조합 내부의 정치와 권력을 여성 노동자 숫자로 단순 비교할 수는 없다. 대표적 여성 사업장인 전국교직원노동조합(전교조)*은 지금까지 18대에 이르는 집행부를 구성하는 동안 남성 위원장이 다수였다. 2024년 현재 노동조합 중앙 외 전교조의 전국 17개 시도 지부 중 13개 지부를 남성이 대표한다. 구성 또한 지부장은 남성, 사무처장은 여성으로 매우 성별화되어 있다. 나는 K에게 여성 다수 사업장임에도 불구하고 남성이 노동조합의 권력을 좌지우지하는 힘은 어디에서 비롯되는지 물었다. K는 "전교조 30년의 역사와 문화를 거슬러 올라가는 게 너무 힘들다"라고 말하였다.

K 87년 민주항쟁 그때가 남성 중심의 노동운동이 활발했던 때 잖아요. 전교조도 사실 여교사가 훨씬 많음에도 그때 사진 보면 창립을 주도한 사람들이 거의 대다수가 남성이에요. 여성은 정말 보기 힘들 정도로 지금보다 훨씬 심했죠, 진짜. 조직의 실제 비율이 저렇지 않은데. 이 운동에서 노동자, 노동자성 이런 거는 남성이 다 거의 지배적으로 하고 그러다 보니까 선출도 그렇게 되고. 역대 위원장 이렇게 보면 여성이 거의 없어

---

* 전교조 정보통계시스템에 따르면 2021년 12월 말 기준, 전교조 조합원 43,756명 중 여성 조합원은 31,964명으로 73%에 이른다.

요. 세 명… 선출직 같은 경우는 아무래도 지역적인 특색도 있고 지역에서 어떤 의견그룹의 힘이라거나 그런 데서 아무래도 남성이 더 많이 잡고 있는 거를 선거를 보면 알 수 있는… 그러니까 그게 지금 영향을 미치는 것 같아요.

그런데도 현실적으로 노동조합을 유지하기 위해서는 여성 노동자가 적극적으로 참여해야 한다. 노동조합 가입 조합원의 규모, 참여하는 동력, 자본과 협상할 수 있는 힘이 존재할 때 노동조합이 존재감을 과시할 수 있기 때문이다.

원인에 대한 규명과 원인에 대한 투쟁으로 나아가지 않는다는 면에서 조합주의와 가부장주의는 중첩되어 있다. 조합주의는 임노동의 폐지를 목적으로 하지 않는다. 가부장주의는 성차별의 폐지와 대립한다. 현재 한국 사회의 노동조합은 총회민주주의, 현장 민주주의 정신이 희박하다. 관료주의와 위계에 저항하는 풍토는 전멸했다. 10여 년 전에 민주노총은 노동조합의 가부장적 문화를 고발하고 노동조합운동의 진정한 성찰을 촉구[73]했지만 조직문화는 큰 변화 없이 오늘날에도 여전한 상태다. 그렇기 때문에 더욱 여성 노동자가 노동조합에 참여해야 하고 조직되어야 한다.

"특히 직장 내에서 여성문제를 해결하기 위한 방안은 첫째, 여성이 자신의 권리를 신장시킬 수 있는 통로인 노동조합에 대거 참가해야 하고 둘째, 노동조합 내의 제반 정책 방향 결정과 실질적인 전략 수행을 하는 지도적인 위치에 진입하는 여성의 수가 증가해야 하며 셋째, 여성이 지도력을 발휘할 수 있는 자리에 진출하여 이들이 여성 노동자들이 문제 삼고 있는 삶의 영역을 향상할 수 있는 방안을 마련하고 추진력 있게 수행해야 한다"[74]는 주문은 오늘날 더욱 절실하다. 여성의 노동조합 참여로 노동조합의 가부장주의를 근절시킬 수는 없지만 약화시킬 수는 있다. 여성 간부와 여성활동가들이 만들어내는 틈새를 통해서 노동조합의 직접 민주주의적 풍토를 회복해야 한다. 가부장주의가 약화되고 현장 민주주의가 복원되어야 현장에서 페미니즘도 대중화, 현장화할 수 있다.

노동조합의 여성주의, 페미니즘적 실천은 남성 노동자들의 몫이 아니라 여성 노동자들의 몫이다. 노동조합은 여성에게 우호적이기보다 폐쇄적, 적대적이었던 역사를 반복해왔다. 노동조합은 처음 조직되던 시기부터 상당 기간 동안 여성 노동자의 가입을 허용하지 않았고, 남초 사업장에 여성 노동자의 진입을 거부했다. 구조조정 국면에서 남성 노동자의 고용을 지키기 위해 여성 노동자를 희생양 삼았고 여성 노동자 우선 해고를 묵인하였다. 그런데도 여성 노동자들은 노동조합에서 퇴각하지 말아야 한다. 여성만의 임의적, 비공식적 조직으로는 자본과 협상 상대조차 되지 않는다.

K 우리의 결의*

    ― 우리는 전국 대의원과 중앙위원 선거에 적극 나선다.

    ― 우리는 진취적 자세로 분회장과 지회장, 지부장 후보로 출마한다.

    ― 우리는 집행부서의 어느 한 자리라도 꿰찬다.

남성활동가들은 이런 결의씩이나 할 필요가 없다. 남성 간부나 남성활동가가 노동조합 선거에 출마하는 것은 전혀 새로울 게 없다. 선거 즈음해서 벌어지는 남성활동가 내부의 선거 논의나 정파별 후보 선정은 당연한 수순이다. 남초 사업장의 여성활동가가 그 논의에 참여하거나 독자적인 선거를 기획하는 것은 매우 낯선 일이다. 그렇지만 여성활동가들은 남성 중심의 조직에서 취해온 '남성과의 동일시'에서 벗어나 여성으로서 정체성을 갖고 성별 위계질서에 적극적으로 저항해야 한다. 권력의 중심부에 적극적으로 들어가되 남성의 논리에 빠져들지 않아야 한다는 것이다.[75] 여성 노동자가 노동자로서의 권리 행사를 하기 위해서는 자신의 권리를 대리하거나 위임하는 것이 아니라 자기 스스로 결정하고 행사할 수 있어야 한다. 여성 노동자의 권리를 행사하기 위한 수단으로서 노동조합을 양적, 질적으로 장악하는 것은 반드시 필요하다. 물론, 여성이 노동조합에 참여하여 실천하는 것은 성별 분업구조 폐지와 가부

* 2001년 전교조 첫 전국여성활동가 연수 결의문 일부 인용.

장제 철폐라는 근본적 투쟁은 아니다. 여성 노동자의 영역 확대, 여성 노동자 조건의 개선 등을 위한 개량적 실천이다. 그럼에도 더 많은 여성 노동자, 여성활동가의 노동조합 진출, 노동조합의 직접 민주주의 회복과 페미니즘적 전환은 여성의 과제여야 한다.

여성할당제

나는 2004년에 민주노총에서 여성할당제를 도입하면서 상급 단체의 대의원이 되었다. 할당제에 의해 대의원이 되었지만 나는 상급 단체의 '대의원' 역할에 충실했을 뿐 스스로를 '여성' 대의원으로 인식하지는 않았다. 노조의 성평등 기획과 관련해 중요한 전략 중 하나가 노조 내 여성 대표성 증가, 즉 노조 내 여성 간부를 증가시키는 것[76]이지만 나의 경우에서 알 수 있듯이 여성 간부의 양적 증가가 여성 의식의 향상, 페미니즘적 여성활동가의 증가를 의미하는 것은 아니다.

민주노총에서 '여성할당제'를 도입한 취지와 역사, 부여되는 의미에 동조하기보다는 여성을 대의원에 일부 '할당'한다는 자체에 대한 거부감이 더 컸다. 조합원들에게 인정받음으로써 현장 간부로 '선출'되어야 하는 것이지 왜 민주노총의 규약·규정에 의하여 대의원으로 지명,* 제도적으로 '할당'을 받

---

* 민주노총 대의원은 "맹비(민주노총 소속 노동조합이 납부하는 회비) 납부 조합원 수에 비례하되, 조합원 500명당 1명씩 배정하고 나머지 251명에 대하여는 추가로 1명을 배정한다"(민주노총 규약 제20조 ①항)고 되어 있다.

아야 하는가. "대단히 쪽팔리고 가오 떨어지는" 것 아니냐는 저항감이 더 컸다. 나 혼자만 여성할당제 도입에 부정적이었던 것은 아니다. 여성 참여를 위한 할당제 등의 필요성 관련하여 남성의 25.5%, 여성의 16.2%가 여성특별조치가 '약간 필요'하거나 '거의 필요하지 않다'라고 보고 있었다. 특히, 남성의 부정적 태도가 더 컸다.*

여성할당제 반대의 이유는 '준비된 여성 간부 부족으로 자리 채우기 힘들 것이다', '전체적으로 의식이나 공감대가 낮다', '남성에 대한 역차별이다', '투쟁하는 조직에 할당제는 맞지 않는다', '능력이 있어서 하게 되더라도 할당제로 배치된 간부라는 인상이 박힌다', '사업 내용은 남성이든 여성이든 많은 차이가 없다', '할당제 논의 자체가 성차별이다', '의지와 능력의 문제이지 활동에 대한 제약은 운동권 내에 없다' 등의 다양한 의견들이 표출되었다.

민주노총은 내부의 우려와 반대에도 불구하고 2001년에 여성할당제를 규약으로 제정하였고 2004년에 시행하였다. 다음 표는 여성할당제 시행 이후 민주노총 여성 간부 비율의 변화를 정리한 것이다.

* 민주노총은 2000년 외부 전문가에 의뢰하여 '노동조합 내 의사결정기구의 여성 참여 확대 방안'을 위한 민주노총 산하 간부와 조합원을 대상으로 실태조사, 심층 면접을 했고 위 통계는 연구 결과의 일부이다. 당시 민주노총 조합원의 남녀 비율은 8:2인 데 반해 남녀 간부 비율(대의원, 임원, 중앙위원, 중집, 상집위원)은 9:1로 여성의 간부로서의 참여 정도는 조합원의 비례에 훨씬 못 미치고 있었다.(김미경, 「심층 면접조사 결과」, 『노동조합 내 의사결정기구의 여성 참여 확대 방안』, 전국민주노동조합총연맹, 2000, 21)

[표4-1] 민주노총 여성할당제 시행 후 여성 간부 비율*

단위 (명/%)	2000년			2009년			2021년		
	전체	여성	비율	전체	여성	비율	전체	여성	비율
조합원수 (명)	564,774	131,567	23.3	658,118	166,731	25.2	1,026,392	375,468	36.58
임원	12	0	0	12	3	25.0	10	4	40
대의원 대회	705	44	6.2	1,039	292	28.1	1,743	542	31
중앙 위원회**	172	12	7.0	179	50	27.9	291	84	28.86
중앙집행 위원회***	46	2	4.3	51	5	9.8	54	13	24.07
상임집행 위원회****	13	0	0	18	4	22.2	23	9	39.13

* 2009년 민주노총은 조직진단실태조사를 진행했고, 여성할당제의 성과를 분석하였다. 2000년, 2009년 자료는 김금숙(2011)을 참고하였다. 2021년 현재의 비율은 민주노총 72차 대의원대회 배정인원 수 기준, 1차 중앙위원회 배정인원 수 기준에 근거하여 재구성하였다(전체 임원은 12명인데 당시 부위원장 남1, 여1 공석으로 임원 총 10명).

** 중앙위원회는 대의원대회 다음가는 의결기관으로, 민주노총의 임원과 각 지역본부의 본부장을 포함한 임원 2인 및 맹비 납부 조합원수에 비례하여 가맹조직별로 배정하는 중앙위원으로 구성한다.(민주노총 규약 제22조, 2022)

*** 중앙집행위원회는 회계감사를 제외한 중앙임원, 가맹조직 대표, 지역본부장, 위원회 위원장, 사무부총장, 실장, 부설기관장으로 구성한다.(민주노총 규약 제27조, 2022)

**** 상임집행위원회는 위원장, 수석부위원장, 부위원장, 사무총장, 위원회 위원장, 사무부총장, 실장과 부설기관장으로 구성한다.(민주노총 규약 제29조, 2022)

여성할당제 시행 이후 여성 간부 비율은 괄목할 만하게 증가하였다. 그렇다면 민주노총 여성 간부의 양적 증가는 여성 조합원을 질적으로 대표할 만큼 성장하고 여성 사업의 실질적인 변화를 가져왔을까?

민주노총 여성위원회는 2019년 '노동조합의 성평등 지수 설문'을 진행하였다. 가맹조직 16곳 중 설문에 응한 10개 조직 총 252개 사업장 노조를 대상으로 응답을 분석한 결과는, "여성할당제 규정이 있는 곳은 불과 19%, 48개의 조직이다. 대의원 여성할당제는 18%, 46개 조직에 규정을 두고 있지만, 실제 교섭과 의사 결정 과정에서 영향을 끼치는 임원, 교섭위원 할당은 14% 35개 조직, 6% 15개 조직으로 점차 축소되고 있다 (…) 여성 할당을 대의 기구와 의사결정기구에서만 한정하고 있기에 교육, 연수, 타임오프 적용에는 11개 조직과 4개 조직만 해당하여, 여성 개인의 역량 강화와 조직 활동의 참여를 위한 개발 프로그램에는 여성들을 고려하지 않고 있음"으로 나타났다.[77] 항목별 여성할당을 비교하면 다음과 같다.

[표4-2] 항목별 여성할당 비교*

구분(n/%)	대의원 할당		교섭위원 할당		교육연수 할당		타임오프 할당	
	사례	비율	사례	비율	사례	비율	사례	비율
있다	46	18.2	15	5.95	11	4.37	8	3.17
없다	**203**	**80.56**	**232**	**92.06**	**235**	**93.25**	**232**	**92.06**
해당없음	1	0.40	1	0.40	1	0.40	7	2.78
무응답	2	0.79	4	1.59	5	1.98	5	1.98
합계	252	100	252	100	252	100	252	100

여성 리더의 부재가 의미하는 것은 여성의 목소리가 청취되지 못하고 기회가 불공평하다는 것이다.[78] 민주노총은 여성 대표성 확대를 위한 조직적 역할이 전무했으며, 초기엔 당위성으로 할당을 지키고 여성들이 진출하였으나 남성 권력과 정파에 의해 지명된 대표성이라는 오명과 질시를 이겨내기엔 여성 개개인의 노력으로는 부족했다.[79] 여성 대표로 선출되었으나 대표할 여성의 요구와 집단적 주체성이 부재한 현실은 한편에서는 여성위원회, 여성 대표의 기반을 더욱 취약하게 만들고 다른 한편에서는 여성 대표들의 활동이 개인의 성향, 정파 등을 근거로 진행되는 것을 제어할 수 없게 하였다.[80]

또한, 노조가 여성 참여를 높이기 위한 노력이나 여성 대의원 간부 수를 늘리기 위한 노력을 하지 않고 있다는 견해가 남녀 조합원 모두에게서 공통된 견해로 나타났다. 여성문제의 해결을 위해서는 여성이 노조에 참가해야 한다고 보면서도 여

* 「민주노총 25년, 여성대표성의 현황과 과제」(민주노총, 2019) 자료집 설문 결과 본문의 표를 인용, 재구성하였다.

성이 남성보다 여성문제 해결에 더 기여한다고 본 응답자는 약 50%, 마찬가지이거나 아니라는 응답도 약 50%로 나타났다. 여성 스스로가 여성문제에 대한 인식이나 자각이 낮은 경우 노조 내 의사결정기구에 진입하더라도 해결하지 못할 것이라고 생각하는 것으로 보인다.[81] 결국 여성의 소극성이나 의존성 나아가 자기계발을 위한 노력의 저조와 같은, 여성들에게 내재되어 있다고 지적되는 문제의 저변에는 여성들을 그렇게 사회화시킨 가부장적인 문화가 훨씬 더 뿌리 깊게 직간접적으로 영향을 미치고 있다는 사실에 주목하여야 한다.[82] 할당제를 적용하고 있는 현장에서 여성활동가들은 여성할당제의 한계와 유의미함을 어떻게 평가하고 있는지 살펴보자.

노동조합 여성할당제의 구체적 현실: 금속노조

금속노조는 중앙 집행부 선거 러닝메이트(위원장, 수석부위원장, 사무처장), 부위원장 7명을 직접 선거로 선출한다. 이 중 부위원장 한 명이 여성할당제 적용을 받는다. G는 금속노조에 여성할당제를 도입하던 당시에 내부의 반발이 크지 않았다고 하였다. 금속노조의 기풍이 "민주노총에서 지침 내려오면 그대로 한다"는 것이다. H도 단위 사업장 여성할당제 도입과 관련하여 "지부 대의원을 선출하면서 산별노조인 금속노조의 대의원을 동시에 선출하는 관행대로 별 의미 부여 없이 여성할당 대의원을 선출했을 것"이라고 당시의 분위기를 추측하였다. 김금숙은 "할당제를 도입하던 당시 내부 반대론자들의 의견이 수면 아래로 잠복한 채로 남성 중심조직의 '정치적 고려' 또는 '정치적 타협' 속에서 민주노총 여성할당제가 탄생했다"고 분석했다.[83] 여성할당제는 도입 당시 산별노조와 단위 사업장에서 도입 취지와 의의, 향후 노동조합에 미칠 영향 등을 심도 있게 논의하는 전 과정을 생략하고 도입하였음을 알 수 있다.

H   상급 단체 규정에 의한 여성할당제 선출이라 '이제 제도가 바뀌어서 선출해야 하는구나' 하고 지부 자의적으로 해석해서 나름 기준을 만들어 선출을 했던 것으로 들었습니다. 여성할당제의 역할과 정확한 의미를 확실히 알고 도입하는 게 아닌 금속대의원을 크게 의미 없이 선출하지 않았을까 싶어요. 지부 대의원이 금속대의원을 겸직하고 있습니다. 역할이라면 크게 금속 정기대대(정기 대의원대회)에 참석하는 것 정도죠. 그 정도 의미로 **군더더기 정도로 받아들이지 않았을까 싶습니다.**

문제는 여성할당제 도입 이후에 구체적으로 표면화되었다. H는 단위 사업장 여성할당제 도입의 득과 실을 다음과 같이 설명하였다.

H   **득이라면 현대차 기준에 남초 사업장에 절대다수, 아니 활동가라고 하면 다 남성이 주류를 이루는 조합에 여성할당제를 도입하여 여성도 활동을 할 수 있는 영역을 만들어낸 것에 대해서는 분명한 득이라고 생각을 합니다. 하지만 만들어내기만**

하고 제대로 역할과 의무를 부여하지 못한 것은 모두 실이라
고 생각합니다. 그래서 여성활동가로 성장하는 순기능은 거의
없다고 생각합니다. 성장할 수 있는 기반이 없는 거나 마찬가
지라고 생각합니다. 여성할당제는 처음 만들어진 취지가 남성
대의원과 동일한 역할과 의무를 기본으로 만들어졌다고 들었
습니다. 그렇게 하려면 현실적으로 이해 상충되는 부분을 제
대로 들여다보고 이를 보완할 수 있는 방법을 찾아야 한다고
생각합니다… 여성할당제가 현실에서는 많은 벽에 부딪히게
된다는 걸 분명히 인식하고 보완해야 합니다.

H는 "민주노총에서 기본적으로 다시 현실을 감안하여 재
검토해서 여성할당제에 대한 비율을 고민하는 것이 아닌 여성
할당제 대의원이 제대로 활동할 수 있는 기반을 마련해줘야 한
다"라고 강조했다. H가 말하고 있는 것처럼 노동조합 간부가
전부 남성인 남초 사업장에 여성 대의원을 만들었다는 자체의
의미는 절대 작지 않다. 문제는 여성 간부의 역할과 권한이 전
혀 준비되어 있지 않다는 것이다. "작업장에 있는 의자 하나도
대의원 동의 없이는 사측이 맘대로 움직이지 못하는" 정도로
현장 간부의 영향력이 막강한 사업장이지만 여성할당 대의원
에게는 그와 같은 권한이 전혀 없다.

H   대의원의 힘은 사측과의 교섭권인데, 새로운 물량이 들어올
     때 맨아워협상(시간당 노동의 양)이나 현장 안전 문제나 뭐든

교섭할 수 있는 권한을 여성할당 대의원에게 주지 않으니 **사측도 조합원도 여성할당 대의원을 무시**… 하는 일 없이 놀고 싶은 애들이 한다… 여성할당 없애자는 의견도 있고, 여성할당 대의원에게 권한을 주자는 의견도 있으나, 여성 숫자가 워낙 6%가 평균이다 보니 교통정리가 어렵다. 노동조합 활동 열심히 하고 싶은 여성 동지들은 일반 선거구 대의원으로 출마해서 대의원 하는 경우가 소수지만 있고, 이 경우 교섭권이 있기 때문에 좋다고 한다. 힘이 생기니 사측도 조합원들도 대우가 다르더라.

나는 내가 일하는 작업장의 노동조합에 대의원 여성할당제를 제안했다. 그러나 각 선거구 조합원 50명당 1인의 대의원 선출, 약 200여 명 대의원 중 10%를 여성할당제로 선출하자는 제안은 직종별 여성 조합원 숫자의 차이, 할당대의원 배정 선거구의 기준을 무엇으로 할 것인가라는 정치공학적 논의만 지루하게 반복하다가 무산됐다. 노동조합은 기존 대의원 구도 변화 없이 10%의 여성 대의원을 증원하는 방식을 역제안했는데 수용할 수 없었다. 아무런 권한을 행사할 수 없는 무늬만 대의원일 것이 분명했다. 대의원 여성할당제를 적용하고 있는 단위 사업장의 경우 현재 그와 같은 문제에 직면해 있다.
그런데 할당제 간부라 하더라도 단위별 권한이 다르고 선출직과 임명직의 경우가 또 다르다. 사용자를 상대로 아무런 교섭권도 갖지 않는 대의원, 위원장에 의해 임명된 할당제 간부의 경우 인정받을 만한 권한도 없고 활동의 자율성도 제약받을 수밖에 없다. "실력 있으면 선거에 나와서 뽑히면 되지 할당제가 뭐가 필요하냐?"라는 할당제 무용론이 나오는 배경이다.

G 여성할당 대의원 할 사람이 없다. 여성들이 소수인 사업장의 경우 '노동조합 활동은 남성이 하는 거'라고 모두 생각한다. 일과 가정을 양립하는 것도 힘든데, 노동조합 활동까지 하라고? 특히 아이 있는 여성들은 초등학생을 벗어날 때까지 노동조합 활동이 물리적으로 어렵다. **여성 간부들 중에는 노동조합 '여성부장'이나 '여성할당 대의원'은 안 한다는 동지들이 많다. 권한은 없고, 직장 내 성희롱(사건 해결)이나 골치 아픈 문제만 시킨다거나….**

할당제로 대의원이 된 여성 간부들은 여성위원회 회의, 대의원대회, 각종 노동조합과 상급단체의 집회와 행사에 참여한다. 그렇지만 '여성' 대의원의 가장 기본적인 활동은 현장 간부로서의 역할이어야 한다. 현장 조합원과 소통하면서 현장의 직접적 이해를 대변하고 관철시키는 데 필요한 물리적 권한이 남성 대의원과 동일하게 주어져야 한다. 그러기 위해서는 전체 대의원에 여성 대의원을 '덤'으로 얹거나 특정 선거구에 임의로 배정하는 것이 아니라 구체적 현장 상황에서 가장 적합한 선거 제도 등이 고려되어야 한다. 할당제로 선출된 여성 대의원이 제대로 역할하기 위해서는 자리뿐만 아니라 실질적인 권한과 자격이 필요한데 "여성 대의원은 여성 조합원만 챙기면 되지…"라고 하는 것은 전혀 현실성이 없는 대답이다. 현장에서 발생하는 모든 문제가 여성 노동자의 문제이기 때문이다.

금속노조의 경우 여성할당제는 여성 노동자들을 노동조합 활동으로 견인하는 데 효과가 있었고, 할당제로 대의원이 된 여성 노동자들은 "젠더 이슈 외에 정세 교육이나 간부 기본 교육도 해달라"라고 요청할 만큼 의욕을 보였다. 이제 실질적으로 역할하기 위한 선거구 재편 요구 등 현장의 고민과 경험을 조직적으로 수렴하기 위한 논의가 필요하다. 조직에서 여성 간부를 지속적으로 배출하기 위해서도, 여성 간부들이 요청하는 학습과 훈련을 위해서도 '여성 간부를 육성할 수 있는 시스템'이 절실하게 필요하다.

노동조합 여성할당제의 구체적 현실: 건설노조

건설노조에서 활동하고 있는 E는 '여성할당제'를 도입할 당시, 건설노조의 조직이 확대되던 시점이었다고 말하였다. 당시에 집행부 핵심 간부들과 신입 간부 사이에 경력 차이가 현저하게 나는 상황이었고, 기존 집행부의 권위와 조직의 방침을 중요하게 여기는 조직문화가 작용했기 때문에 여성할당제는 특별한 반대 없이 수용되었다고 한다. 특히, E가 소속되어 있는 토목건축분과의 ○○지부는 건설노조 내부에서도 유일하게 이주노동자를 조합원으로 조직한 상태였다. 건설노조 내부에 이주노동자에 대한 거부와 혐오가 존재하는 상황이었지만 해당 지부에서는 차별 없이 동일노동 동일임금이 적용되고, 일자리 등급 차별이 없었기 때문에 여성을 바라보는 시각도 비교적 덜 차별적이었을 것이라고 분석하였다.

건설노조는 대표적 남초 사업장으로 할당제를 하지 않는다면 여성활동가가 간부로 나서기 힘든 조건이었다. E는 2016년도부터 할당제에 의해 부지부장을 맡았고 이 시기부터 여성 조합원들을 조직하고 권리를 확보하기 위한 활동을 본격적으로 할 수 있었다고 한다. 물론, 할당제가 E를 자동으로 부지부장으로 만들어준 것은 아니다. "2001년부터 건설노조에 올인했어요. 2002년에 노조를 만들고 모든 일을 다 해봤어요. 투쟁, 조직, 교육, 선전, 정책, 총무 등의 모든 업무를 거쳤습니다."(E) 이러한 헌신적인 활동이 밑바탕 되었기 때문에 E는 노동조합 안에서 영향력을 가질 수 있었고, 노동조합의 임원으로 더욱 여성 노동자 조직화에 전념할 수 있었다.

E   할당제는 (여성이) 대표성을 가지기 어려운 건설노조의 조직 성격상 여성의 권리를 보장하는 데는 당연히 순기능을 하고 있습니다. **할당제는 문구로만 있는 게 아니라 실제 조직적 방침으로 이행되어야 합니다.** 이행되지 않는 할당제는 아무 소용이 없습니다.

할당제가 여성 대표성을 확보할 수 있는 유일하고 절대적인 방법은 아니지만, 현장에서 한시적인 소수자 우대 정책, 적극적 우대 조치로서 제한적 유의미함을 갖는 최소한의 역할을 하고 있다.

노동조합 여성할당제의 구체적 현실: 전교조

전교조는 2004년에 민주노총이 여성할당제를 도입한 것보다 앞서서 2001년부터 할당제를 시작하였다. 임원의 30%를 여성에게 할당하고 대의원은 50%를 여성에게 할당한다. 2020년부터는 여성 부위원장을 신설하였다. 나는 K에게 여초 사업장인 전교조에 왜 여성할당제가 필요한지 질문하였다.

K   그냥 할당제가 없잖아요? 그러면 그냥 "지역별로 한 명씩 추천해 주세요" 그렇게 자연스럽게 흘러가도록 냅두면 대다수는 남성들을 이렇게 추천하고… 선출직을 중심으로 집행부가 완성되는데 선출직은 두 명이 거의 러닝메이트로 나와요, 전교조는. 근데 거기서 1번이 웬만하면 다 남성이에요. 지금 제17기 시도 지부가 있는데 거기서 3개 지부* 빼고는 싹 다 남성이 지부장, 같이 나온 러닝메이트 사무처장은 여성 이렇게.

규정 개정을 앞두고 전교조 여성위원회에서 50% 임원 할당제를 제안했다. 30% 할당제도 여성 간부를 세우기 힘든데 50% 할당제는 "현실적으로 너무 힘들다"라는 얘기가 내부에서

---

* 2024년 현재는 울산, 대전, 강원, 세종 4개 지부의 지부장이 여성이다.

나왔다. K는 여성을 구할 수가 없다는 항변을 "그동안 사람을, 활동가를 키우고 발굴하지 않은 것이 안일하다"라고 비판하였다. 그리고 조직에서 "지금까지의 구조가 바뀌고 변화하는 것을 불안하게 느끼는 것 같다"라고 말하였다.

K   제가 그때 중집(중앙집행위원회) 참관을 했었는데… "이거 30% 꼭 고려하셔서 집행부를 꾸릴 수 있도록 각 지부에서 했으면 좋겠다"라고 어떤 중집위원이 발언을 했는데, 어떤 (다른) 지부장이 "아니 이렇게 하면 우리 지부는 비대위 꾸릴 수밖에 없다"라고, "사람 못 구해서 우리 집행부 못 꾸립니다" 이러면서 규약이 있음에도 불구하고 그런 식으로 회의 자리에서 얘기를 하는 거죠. 그걸 봤을 때 '얼마나 그걸 정하기까지도 반발이 있었을까?' 완전 그냥 "난 못 하겠다" 이러면서 필요성까지도 얘기 안 해요. "그냥 힘들다"고만 하고 약간 되게 감정적으로 반발하는 그런 느낌을 많이 받았어요.

여성할당제는 현장에서 구체적으로 적용되는 과정에서 갈등과 충돌을 되풀이하고 있다. 그럼에도 여성활동가들은 여성할당제를 적용하기 때문에 여성 노동자들이 노동조합으로 진입하고 노동조합 간부, 여성활동가로 성장하는 데 순기능을 하고 있다고 "완전히" 확신했다.

G   금속은 위수사(위원장, 수석부위원장, 사무처장) 러닝, 부위

원장 7명이 모두 직선이고 이 중 1명이 여성할당 티오입니다. 10%죠. 여성할당 부위원장이 경선을 한 바도 있고 직선으로 조합원들의 승인을 얻었기 때문에, 활동하며 다른 9명의 남성 임원과 다른 처우나 차별은 없습니다. 조합원들이나 현장 간부들도 똑같이 존중하죠.

정작 어려움은 여성할당제 비율을 확대하려 해도 그 자리를 채우기 어렵다는 것이다. 금속노조 여성할당 부위원장을 2명으로 늘리려던 시도는 "1명 여성 부위원장조차 못 낼 때도 있는데 2명으로 늘리면 공석을 책임질 자신이 없다"라는 의견이 강하게 제기되어 중단되었다. G는 신규 채용에서 여성 남성 비율을 50:50으로 한다면 여성할당제가 필요 없지 않겠냐고 했다. 그러나 현실은 그렇지 않다. 전교조는 여성할당제 도입 당시부터 반발이 컸다고 한다. 반발의 근거는 "자리도 채우지 못하면서 무슨 할당제를…"인데, 여성 조합원이 조직에서 70%가 넘는데도 자리를 채우지 못한다는 것은 작업장에서, 노동조합에서 권력을 점유하는 데는 수적 우위만으로 결정되지 않는 다른 위계와 정치, 구조가 영향을 미친다는 의미이다. 그런데도 K는 여성할당제가 있어야 제한적 수준에서라도 여성 대표성 확보가 가능하다고 강조했다.

K   30%라도 있어야만 그다음을 또 기약할 수가 있는 거잖아요. 그리고 이제 대표성이라는 건 되게 중요한 것 같아요. 어쨌든

노동조합은 그 위상이라는 게 있고 그 체계 자체가 뭐 수직성이 있기 때문에 그 대표성을 가진 자리에 누가 앉느냐가 사실은 되게 큰 영향력을 차지하고 조합원들에게 주는 메시지도 엄청 강하다고 생각해요.

할당제의 한계와 유의미함

여성할당제는 "조직 내 여성 간부의 비율을 높여 이들이 여성 조합원들의 의사를 대변하여 여성 의제를 담론화시키고 여성의 요구를 독자적으로 관철시킬 수 있어야"[84] 도입 취지에 맞게 적용되는 것으로 판단할 수 있다. 초기에 여성할당제를 도입한 연맹, 지부의 경우 도입 당시의 할당제 비율과 숫자가 지금까지 지속되고 있다. 여성 노동자가 노동조합에 진입할 수 있는 형식을 갖추었지만 딱 그 비율만큼만 진입하고 있는 것이다. 민주노총 소속 전체 연맹과 지부 단위로의 확대, 기존 도입 단위 할당제 비율의 증대가 필요하지만 현재의 할당제 비율도 채우기 쉽지 않은 현실이다. 여성할당제로 진입한 여성 간부들이 명확하게 자기 역할과 권한을 부여받지 못하거나 여성 사업 담당자로 한계 지어지는 것도 심각한 문제다.

K 여성할당 부지부장이라는 게, 사람들이 말하지는 않지만 '왜 여성할당이 있어야 돼'라고 하는 생각들도 좀 깔려 있는 거예요. 이건 제가 그냥 느끼는 거예요. 그러니까 "여성 부지부장 이잖아, 그럼 뭐 여성 사업이나 하지?" 뭐 이런 식의 이런 게

좀 있는 것 같고. 근데 그전에 하지 않던 고민들이 이제 느껴지는 거죠… 제 영역이 딱 고정돼 있는 느낌. "성평등 사업만 해" 이런… 전체 사업과 관련해서 많이 의견을 내고 대외적으로도 활동하고 이런 부위원장이 따로 있고, 저는 전체를 총괄하는 그런 느낌에서 조금 벗어나 있는… 저도 정책을 만드는 것부터 홍보까지 모든 걸 저 혼자 해요, 성평등 사업에 대해서만. 이것도 정책인데 이 정책은 뭔가 이제 주변화된 정책, 그런 느낌을 받을 때 '같은 임원이라도 조금 많이 그런 데서 좀 차이가 나는구나'.

여성활동가들은 사업장의 성격과 관계없이 "여성 사업은 너네가 알아서 해, 다른 사업은 참견하지 마"라면서 여성 사업만 할 것을 강요받았다. 그런데 또 다른 한편으로는 "맨날 여성만 얘기한다"라고 비난받아야 했다. 여성활동가들은 노동조합 구도에서 주변으로 밀려났는데 그 주변성을 다시 비판받는 악순환 구조에 갇혔다.

애초에 선거 여성할당제는 일정 비율의 여성이 후보로 지명되거나 선출되어야 한다고 규정하는 소수 집단 우대 정책으로 '일시적 특별 대책'*이다.[85] 여성할당제가 노동조합의 가부장성과 남성 중심성을 극복하는 수단의 모든 것일 수는 없다. 그렇지만 노동조합이 성평등한 조직으로 변화하고 여성 의제

* 1979년 유엔의 여성 차별철폐협약(Convention on the Elimination of All Forms of Discrimination Against Women, CEDAW)

를 적극적으로 수용하고 실천하도록 하기 위해서는 여성활동가의 노동조합 진입이 필요하다. 할당제는 이것을 가능하게 하는 전술적, 제한적 수단이다.

여성할당제는 여성 간부의 양적 증가를 가능하게 하고, 여성 간부로서 여성 노동자에게 다가갈 수 있는 합법적 진지의 역할을 할 수 있다. 그리고 여성활동가가 모범적인 노동조합 간부의 전형을 보여줄 수 있는 수단으로 작용할 수도 있다. 특히, 할당제가 배출한 여성 간부, 여성활동가가 페미니즘적 의식과 실천으로 정체화할 때 여성활동가 재생산의 유효한 통로로 기능할 수 있다. 할당제를 통해 여성 노동자가 노동조합의 여성 간부로 진입할 수 있게 하고 페미니즘적 여성활동가로 역량을 강화하고 훈련받는 기회가 될 수 있도록 해야 한다. 그러기 위해 최소한 필요한 몇 가지가 있다.

첫째, 여성할당제로 선출 및 임명된 여성 간부의 권한을 공식화해야 한다. 여성할당 간부의 권한과 역할을 명문화하는 규정, 할당 간부의 활동을 보장하기 위한 매뉴얼의 제정이 필요하다. 지부 교섭위원, 노사협의회 의원, 산업안전보건위원회 의원 등 각종 노사 협상 단위에 여성이 교섭 당사자로 임명받고 권한을 가져야 한다.

둘째, 할당제의 도입과 할당 비율의 확대가 필요하다. 여성 사업에 한정하지 않는 다양한 사업과 활동을 위해서는 더 많은 여성 간부가 필요하다.

셋째, 여성 간부와 여성활동가의 상호작용이 중요하다.

'여성위원회'는 노동조합 공식 기구이지만 특별위원회로서 집행부로부터 자율성을 발휘할 수 있는 노동조합 안의 독자 조직으로 역할을 할 수 있다. 여성위원회가 사업장 여성 조합원을 대표하여 여성 의제를 제출하고 여성 사업을 기획하며, 여성 간부와 여성활동가 네트워크의 중심 역할을 해야 한다. 작업장 내부의 여성 조합원뿐만 아니라 노동조합 밖 여성 노동자와 여성활동가, 여성 간부가 다양한 네트워크를 형성해야 한다. 특히, 할당제로 임명 또는 선출된 여성 간부의 소통과 연대가 필요하다. 여성 간부가 절실하게 필요로 하는 요구와 당면한 실천 과제를 논의하고 공동으로 요구할 수 있어야 한다. 이를 위한 여성 노동자의 독자적 조직화와 전략, 전술이 필요하다.

여성할당제의 의의는 노동조합의 남성 중심적 구도에 균열을 내고 흔들기 위한 데 있다. '노동조합 여성 간부'를 배출하는 자체가 목적이 아니라 여성 고유의 목소리로 노동조합의 가부장성을 비판하고 투쟁하기 위한 주체를 양성하기 위해서 필요하다. 가부장적, 여성 배제적 구조와 질서를 바꾸기 위해서 여성할당제를 '활용'할 수 있어야 한다.

여성 노동자 페미니즘의 실천

크리스 위던은 "페미니즘은 정치이다. 페미니즘은 우리 사회 내의 기존의 성별 권력관계가 변화되어야 한다고 보고 그것을 도모하는 정치이다"[86]고 말했다. 여성활동가는 여성 노동자가 일하는 작업장의 남성 중심적 권력관계를 전복하고자 실천한다. 이때 여성활동가는 노동자로서 자본과 노동의 계급적 모순에 저항할 뿐만 아니라 여성의 성적 차별에 맞서서도 투쟁한다. 작업장 안에서 여성 노동자는 계급적, 성적 모순을 직접적이고 감각적으로 경험하고 차별받는 당사자이다. 중첩된 모순이 집약돼 있는 노동 현장은 여성 노동자가 페미니즘을 실천하는 구체적 장소이다.

페미니즘 이론과 실천의 결합

"페미니즘은 성차별적 억압을 종식시키려는 투쟁이다 (…) 페미니즘은 우리 삶을 의미 있게 변혁시킬 수 있는 힘을 가지고 있다."[87] 여성 노동자는 벨 훅스의 책을 읽고 답을 찾았다.

J '페미니즘은 남자처럼 되고 싶은 한 무리의 성난 여자들이 아니라 여자들도 동등한 권리를 누리는 세상을 만들기 위한 운동'이라고!! '페미니즘 운동이 남성을 혐오하지 않는다'고!! '성

차별주의'가 문제라고!!*

　J는 자신이 싸우고 있었던 이유를 찾아서 설레었다고 한다. 언제나 노동자들이 외쳐왔던 "같이 살자! 함께 살자!"라는 구호처럼 여성 노동자, 남성 노동자가 동등하게 권리를 누리고 싶어서 현장에서 '싸움닭' 소리 듣는 것을 마다하지 않았던 것이라고 자신의 행위를 재정의할 수 있었다. 나아가서 "성차별주의 때문에 남성이 더 많은 혜택을 보고, 가부장제로 인한 특권을 (남성이) 쉽게 내려놓지 못함을 인식시켜야 한다. 성차별주의적 사고와 행동이 문제임을 알았다면 이제는 착취와 억압을 끝내려 하는 페미니즘을 알려야 한다"[88]는 계획을 세웠다.

　벨 훅스가 말해주는 페미니즘을 접하고 "대박"이라고 감탄한 여성활동가가 또 있다.

G　"벨 훅스가 대박인데!" 이런 느낌. 이거 나랑 비슷한데, 이거 같은데 약간 이런 느낌. 그리고 지금 또 다른 제목으로 나와 있는 왼쪽 날개…
　　(『페미니즘, 왼쪽 날개를 펴다』?)
　　아, 거기 보니까 나랑 비슷한 여자들 많더라고. 그러니까 사회주의와 페미니즘이 원래 사이가 안 좋구나, 그러니까 이 사이에서 자기 정체성을 두 번 검증해야 되는 여자들이 있는 거

* 이진희, "[기고] 우리가 만드는 성평등한 일터!", 〈충북인뉴스〉, 2022.03.03.

네? 페미니즘 동네에서는 저 가부장제 사회주의 남자애들한 테 복종하면서 사는 여자라고 오해받고, 사회주의 동네에서는 그 기본 모순이 아니고 핵심 모순이 사회주의 계급투쟁 해가 지고 혁명하면 되는 걸 그걸 부문운동인 그런 거 왜 하냐고 하 는, 양쪽에 끼어 있는 존재의 여자들이 있구나… 약간 저한테 는 그 두 책이 내 마음을 되게 편안하게 해주고 위로해주고 '이 런 거 내가 해야겠구나' 약간 이런 생각을 하게 했고.

위와 같은 동감은 여성활동가에게 그 이론을 현장에서 접 목하도록 동기를 부여하였다.

G   그러니까 여성 노동자라는 눈에 보이지 않는 사람들을 보이게 하는 것… 우리 조합원들을 드러나게 하고 자기 존재를 알게 하고 **"나는 싸우면서 사는 여성 노동자야, 우리는 서로 연대하 면서 투쟁하면서 사는 게 즐겁고 행복해"** 이것을 이론으로 만 들고 그것을 증언으로 만드는 것(이 필요하죠).

여성 노동자가 분절과 차별을 극복하고 공감하고 단결하 기 위해서는 "성차별적 억압이나 다른 형태의 집단 억압에 고 통받는 비주류 사람들의 경험을 이해하고 초점을 맞추고 구체 화"[89]함으로써 만들어지는 "혁명적 이데올로기"가 필요하다. 여 성 노동자가 놓여 있는 현장에서 실천하고 정교화되는 이와 같 은 페미니즘 이론을 나는 '여성 노동자 페미니즘'이라고 부르고자 한다. 여성 노동자가 역사적 사명과 소명의식을 갖고 시대정신으로 실천하는 페미니즘, 그것이 여성 노동자 페미니즘이다.

여성 노동자 페미니즘 실천의 중심 장소는 여성 노동자가 일하는 '현장'이다. 노동 현장은 노동과 자본의 계급적 모순과 남성에 의한 여성 억압과 차별이 중첩되어 벌어지는 장소이다. 여성 노동자는 자본과 노동이 대립하고 갈등하는 현장을 거점으로 성별 분업구조를 깨나가야 한다. 남녀 성별 분업구조와 일터와 가족의 분리를 교란하는 주체가 여성 노동자다. 여성은 일터에 나와서도 가사노동과 돌봄을 고민할 수밖에 없고 여성의 그와 같은 특수한 상황은 자본도 알고 있고 남성 노동자도 알고 있다. 그 결과로 여성은 언제든지 가정으로 돌아갈 수 있는(돌려보낼 수 있는) 임시적인 노동자, 열등한 노동자 취급을 받지 않는가. 여성 노동자에게는 현장 자체의 문제와 현장 밖 가족의 문제가 중첩되어 있다. 그렇기에 성별 분업구조를 전제하는 가족주의, 가족제도를 변화시킬 가장 급진적, 전투적 투쟁의 주체는 여성이어야 한다. 성별 분업구조에 짓눌려 고통받는 여성 노동자가 문제를 해결하는 선두에 서야 한다.

여성 노동자와 남성 노동자는 작업장에서 자본과 적대적 관계라는 공통점을 갖는다. 따라서 여성 노동자와 남성 노동자의 계급적 연대는 가능하고 또 필수적이다. 노동해방을 원한다면 여성 노동자와 남성 노동자는 함께 단결하여 투쟁해야 한다. 그때 '노동자'로서 하나가 될 수 있다. 그리고 단결한 남녀 노동자는 "노동자 계급 내부에 존재하는 여성 차별에 도전해야 한다. 노동자 계급의 당면과제가 아무리 심각하다 해도 여성 노동자의 과제 또한 그에 못지않게 심각하다"[90]는 인식을 활동의 전제로 삼아야 한다. 계급적인 것과 여성주의를 결합할 수 있는 주체는 바로 여성 노동자다. 여성 노동자 해방의 척도가 노동해방, 인간해방의 척도가 될 것이다.

시대의 요구, 페미니즘

여성이 중심이 되어 여성의 눈으로 세상을 읽는 것이 페미니즘이다. 페미니즘은 여성문제에만 천착할 수 없다. 여성은 진공상태에서 살지 않는다. 세계와 분리된 여성문제는 존재하지 않는다. 여성은 여성 고유의 문제를 규명하는 존재이지만, 여성이 속한 계급적, 사회적, 정치적 위치에 내재한 보편적 문제를 끌어안고 투쟁하는 주체이기도 하다. 따라서 여성 노동자의 문제는 노동 현장에만 국한되지 않는다. 자본주의 체제가 직면하고 있는 계급, 성, 인종, 생태, 전쟁 등 인류 보편의 문제와 여성문제는 상호 연관되어 있다. 여성은 노동자로서, 성적 차별의 피해자로서 삶을 돌보고 재생산하면서 생태를 예민하게 감지하고 그로부터 직접적 영향을 받는다. 인류 보편의 문제 중심에 여성이, 여성 노동자가 있다.

여성 노동자 페미니즘은 시대의 요구라고 말할 수 있다. 여성 노동자가 직면한 객관적 상황이 엄중하기 때문이다. 4년여 장기간의 코로나 위기를 지나왔지만 경제적 위기와 사회적 혼란은 계속되고 있다. 세계화한 자본은 불황을 일시에 극복하기 위한 고전적인 폭력적 방식을 구사하기보다 살얼음판을 기듯이 위기를 지연시키고 관리하고 최소화해나가고 있다. 자본은 금리, 실업률, 고용, 물가 관리에 할 수 있는 모든 것을 다하고 있지만 고금리, 고물가의 경향성은 지속되고 있고 경제성장률은 정체에서 벗어나지 못하고 있다.

자본은 당장의 경제 위기 상황에 직면하자 자본축적 구조의 위기의식에서 마지못해 약속했던 장기적 대책마저 포기하고 있다. 대표적인 것이 기후위기를 외면하는 것이다. 전기자동차 지원금을 삭감함과 동시에 내연자동차 제로로의 전환은 연기되었다. 원자력 발전소의 재가동, 소형 원자로 활용 주장이 맹렬하다. 인류 생존의 위기에 대응해야 한다는 공통의 이해에 기반해 도출했던 파리기후협약은 사실상 무효화되었다. 여름 한낮 온도 40~50도의 현실이 예고하는 미래의 위기보다 자본의 이윤이 회복되지 않는 당장의 위기가 더 크고 긴박하다. 국가의 복지 정책은 축소하고 있고 다수 대중의 의식주 환경은 더 열악해지고 있다. 장기적이고 광범위한 경제적 위기는 사회적 약자에게 더 심각한 영향을 미칠 것이다. 비정규직, 불안정 고용의 노동자가 직격탄을 맞을 것이다. 그리고 그 노동자 다수가 여성이다.

IMF 경제 위기 당시 해고 1순위는 여성 노동자였다. 코로나 확산의 장기화에 따른 고용시장 위축에서 가장 큰 피해를 본 집단도 여성 노동자였다. "회사가 힘들 땐 퇴직자 순번이 1.

부부 사원, 2. 주부 사원, 3. 여자라는 소문"[91] 속의 순서는 아무 의미가 없다. 공통으로 여성 노동자를 지목하고 있기 때문이다. 위기가 더욱 심화되어 자본이 희생양을 찾을 때 "아이들 학원비나 버는", "살림에 보태려고 잠시 일하는" 주변부 노동자인 여성이 우선해서 해고되거나 더 낮은 임금과 불안정한 고용시장으로 내몰릴 것이 뻔하다. 이때 여성 노동자는 어떤 선택과 대응을 모색할 수 있을까?

여성 노동자는 더 이상 위기 때마다 속수무책으로 희생당하던 일을 다시 또 겪지는 않을 것이다. 위기 상황마다 반복되었던 여성 노동자 퇴출과 배제, 독박의 경험 속에서 여성 노동자는 자본주의 사회에서 자신의 계급적 위치를 인식했고, 성별 분업을 전제하는 체제에서 여성 노동이 어떻게 착취당하고 가격이 정해지는지 확인했다. 그것은 페미니즘 학습과 페미니스트로의 정체화를 통해서 가능했다.

공공부문, 대공장 여성 노동자들의 연대, 비정규직 여성 노동자와의 연대와 같이 여성 노동자들이 중층적인 네트워크를 결성해야 한다. 실천적으로 가능한 대상들이 우선 모이고 그에 동의하는 세력들로 조직을 확대해나갈 필요가 있다. 여성 노동자들과 정세 인식을 함께하고 여성 노동자의 역사적 역할을 지지하는 여성주의 단체와 활동가들, 정치, 학문, 문화 예술 등 각 분야의 다양한 여성 세력들이 함께한다면, 여성 노동자의 단결된 힘으로 위기에 맞설 방법을 모색할 수 있을 것이다.

남초 사업장의 여성 노동자는 현장 안팎의 비정규직 여

성/남성 노동자와 단결할 수 있다. 지배적 남성성이 장악하고 있는 현장과 노동조합에서 정규직 여성 노동자들이 차별당하고 있는 것처럼 비정규직 노동자들 또한 남성 중심의 질서에서 차별받고 있다. 여성 노동자가 중심이 되어 "모든 이가 공유할 수 있는 해방 이데올로기"[92]를 만들고, 정규직 여성 노동자와 비정규직 여성/남성 노동자가 단결하여 페미니즘에 기반한 현실적 실천을 함께 만들어야 한다.

이미 현실에서 여성들은 눈부시게 활약하고 있다.

윤석열이 대표하는 극우반동세력의 내란을 막기 위해서 여성들은 국회 앞으로 달려갔다. 대통령 탄핵 가결을 환호하는 광장에서 여성들은 응원봉을 흔들고 춤을 추며 승리를 만끽했다. 여성들이 일군 '남태령 대첩'은 새로운 투쟁의 장을 열었다. 투쟁은 여성과 농민, 여성과 장애인, 여성과 학생, 여성과 노동자를 잇는 학습의 장, 연대의 장으로 확장하고 있다. 광장은 광화문을 넘어 남태령에서, 혜화역에서, 거제 조선소에서, 여성노동자들이 고공농성 중인 구미의 공장에서 만들어졌다. 광장의 연단은, 행진하는 거리는 여성의 것이 되었다. 이 투쟁의 중심에 여성 청년이 있다. 여성 노동자가 있다. 그동안 여성들은 구조적 성차별이 없다는 사회적 기만, 일상을 위협하는 폭력, 소수자 여성을 기득권자라고 공격하고 혐오하는 데 주눅들지 않고 모였고, 공부했고, 투쟁했다. 그리고 사회가 직면한 위기 앞에서 누가 투쟁의 주체인지, 누가 준비되어 있는지 유감없이 증명했다. 내란과 탄핵의 정세에서 여성이 주도력을 발휘하고 새로운 투쟁의 장면을, 문화를 만들고 있음을 사회적으로 인정받았다. 이렇게 여성의 역사, 여성 노동자의 운명은 여성 스스로 결정할 것이다. 페미니즘을 무기로 든 여성이, 여성 노동자가 역사의 답을 만들어가고 있다.

마치며

나는 한국 사회의 노동시장에서 대표적인 남성 중심 사업장인 자동차, 건설, 철도 등의 대규모 사업장과 중규모의 남성 다수 사업장에서 일하는 여성활동가 10명을 만났다. 이들은 자신의 현장에서 어떤 갈등을 겪고 불화하면서 저항하고 있는지, 그들이 마침내 쟁취한 영역은 어디인지, 어떻게 소수자성을 극복하는 실천을 지속하면서 여성활동가를 재생산하고자 하는지 알아보기 위해서였다. 그리고 한국 사회에서 대표적인 여성 사업장인 교육과 의료현장에서 일하고 있는 여성 활동가 2명을 함께 만났다. 남성 다수 사업장과 여성 다수 사업장이라는 다른 조건에 있는 여성 노동자들이 경험하는 일과 활동의 공통점과 차이점을 비교해보기 위해서였다.

여성 노동자이고 여성활동가인 이들은 노동자성과 여성성이 충돌하는 경험을 공통으로 경험하였다. 남초 사업장과 여초 사업장, 30대 초반에서 50대 후반까지 세대가 다르고, 사업장 진입의 계기와 목적이 다른데도 불구하고 근본적 활동 조건과 내용에 있어서는 이들 사이에 차이가 크지 않았다. 현장 조건의 차이에도 불구하고 이들은 성별 분업구조가 강제하는 여성역할에서 비롯되는 부담과 제약, 가부장적 위계 구조에서의 소외와 배제, 남성 리더와 비교 평가당하는 현실을 공통으로 겪고 있었다.

여성활동가들이 주요하게 활동하면서 영향을 받는 공간은 가정, 작업장, 노동조합 세 영역이다. 각 공간은 공통으로 성별 분업구조가 작동하면서 여성활동가에게 특정한 성역할 수행을 기대하고 요구하였다. 시대가 변화하고 있음에도 남초 사업장과 남초 사업장의 노동조합에는 가부장적, 남성 지배적 질서와 문화가 여전히 관철되고 있었다.

여성활동가들은 가족관계 외부에서는 노동자의 정체성을 가졌지만 가족 내에서는 전통적인 성역할 수행을 요구받았다. 가사노동과 돌봄노동의 이중고를 겪었고, 역할 분담을 둘러싸고 가족 내부에서 계속 갈등하고 협상해야 했다. 작업장에서 여성 노동자는 1차 노동자인 남성을 보완하는 2차적 노동자였고, 핵심 업무는 남성이 담당하고 여성은 비핵심 업무를 떠맡아야 했다. 남성 노동자의 작업 공정에 변동이 발생하면 그 조건에 종속되어 여성 노동자의 노동환경에 초래되는 변화를 수용하고 적응해야 했다. 남성 중심적 질서와 관행은 노동조합에도 동일하게 반영되어 노동조합의 권력, 운영 방식, 자원의 배분, 지배하는 문화 등 노동조합의 모든 차원에서 사실상 여성 노동자의 자리는 전무했다. 작업장에서 부수적, 보완적 노동자였던 것과 마찬가지로 노동조합에서 여성은 희소한 존재였고, '여성 사업'이라는 부분적, 보충적 역할만을 맡았다. 여초 사업장의 경우에도 여성 다수라는 현실이 무색하게 노동조합 권력을 남성이 장악해왔고, 조합원들은 여성 대표에게 남성과 같은 리더의 역할을 기대했다. 여성활동가는 가족, 직장, 노동조합 세 영역 모두에서 '젠더화된 분업구조' 속에 놓여 있었다.

여성활동가들은 여성으로서의 자기 경험을 해석하고 페미니즘 대중화라는 사회적 흐름을 목도하면서 페미니즘을 만났다. 이를 계기로 작업장의 가부장성과 남성 중심적 구조를 인식할 수 있었고, 노동하면서 투쟁하는 여성 자신의 주체성을 자각했다. 이들은 한때 노동 현장의 성차별을 타파하고 작업장의 민주주의와 여성 노동자의 권리를 확보하기 위해 생존방식으로 명예 남성화를 선택하기도 했지만, 페미니즘 학습을 통하여 자신의 여성성을 긍정하고 성찰했다. 여성활동가의 페미니즘 인식은 노동조합 내부의 조직적인 여성주의 실천과 외부적인 페미니즘의 대중화, 부흥과 결합하여 가속화, 공고화되고 있다.

여성활동가들은 여성이 원하는 어디서라도 일할 수 있도록 현장에 여성 노동자가 진입할 계기를 만들고, 여성 노동자가 자기 영역을 구축하고 생존할 수 있도록 버팀목이 되어주었다. 페미니즘을 여성 노동자 연대의 이론으로 장착하고, 여성 노동자의 성장을 이끌고 있다. 여성 노동자들이 노동조합에 참여하고 활동가로 성장함으로써 궁극적으로 도달하고자 하는 것은 작업장 '성차별의 철폐'이다. 지배적 남성성이 장악하고 있는 구태의연한 남성 중심의 노동조합은 스스로 변하지 않는다. 이러한 가부장적 노동조합이 기득권을 포기하는 것은 현실적 역학구도가 바뀔 때에만 가능하다. 여성 노동자의 힘이 상승하고 여성활동가 세력을 더 이상 무시할 수 없을 때 기존 노

동조합의 남성적 권력은 여성 노동자와 대화하고 연대하고자
할 것이다.

여성활동가는 여성 노동자의 위치를 자각하고 불평등한
노동조건과 처우를 개선하기 위해서 능동적으로 행위해왔고,
현장의 민주주의와 노동조합의 성평등을 확대하기 위하여 실
천해왔다. 이들이 여성인 자신의 위치를 자본주의 구조 속에서
인식하고 작업장의 성평등과 성별 분업구조의 해체라는 목표
를 설정할 수 있었던 것은 페미니즘 학습을 통해서였다. 여성
노동자가 주체가 되어 현장에서 여성 노동자 페미니즘을 실천
하고, 남성과 여성이 함께 돌보고 분담하는 새로운 가족관계를
형성하는 것은 여성 노동자, 여성활동가가 생존하기 위한 절박
하고 필수적인 실천이다.

이 글은 현장 바깥에 있는 제3자의 눈으로 냉철하게 쓴
글이 아니다. 글에 등장한 여성활동가들과 동일한 조건에서 장
기간 활동해온 나의 주관적 해석과 의미 부여가 넘쳐나는 글
이다. 논문으로 쓴 글을 다시 책으로 만드는 일은 나에게 한 번
더 주어진 기회였다. 처음 논문을 쓸 때의 목적은 남초 사업장
여성활동가를 중심으로 노동조합 여성활동가의 '페미니즘' 실
천을 분석하고 여성활동가 재생산의 조건을 탐구하는 데 있었
다. 논문에서 미진했던 부분을 책을 통해 채울 수 있기를 바라
며 여러 곳을 보완하고 수정했지만 부족함을 다 채우지는 못했
다. 그릇된 해석과 설명이 있다면 그 책임은 전적으로 나에게

있다. 책을 쓰면서 글 속에서 오랜만에 여성활동가들을 다시 만났다. 또 글 밖으로 나와 소식을 전하면서 질문을 쏟아내는 나에게 성심을 다해 답해준 그들을 더욱 존경하고 애정하게 되었다. 그들의 수고와 헌신, 열정과 의지에 감사드린다.

주

1   최영화, 「나는 5호선 열차 기관사」, 『평등다지기』 6호, 여성민우회, 2003.

2   최영화, 앞의 글.

3   Nancy F. Gabin, *Feminism in the Labor Movement: Women and the United Auto Workers, 1935-1975*, New York: Cornell University Press, 1990.

4   루스 밀크먼, 전방지·정영애 옮김, 『젠더와 노동: 제2차 세계 대전기 성별 직무 분리의 역학』, 이화여자대학교 출판부, 2001.

5   신경아, 「신자유주의시대 남성 생계부양자의식의 균열과 젠더관계의 변화」, 『한국여성학』 제30권 4호, 2014, 153-187.

6   민가영, 「젠더·계층의 교차를 통해 본 20대 대학생의 성별분업에 대한 인식: 가족의 경제적 지원을 받는 서울지역 4년제 대학생을 중심으로」, 『한국여성학』 제32권 2호, 2016, 113-147.

7   김준, 「경합하는 정체성, 남성성, 그리고 계급: 1970년대 거대 조선사업장 노동자들의 사례」, 『산업노동연구』 제16권 제1호, 2010, 307-341.

8   엄재연, 「금속노조 여성 노동자의 작업장 경험: 자동차업종 사례」, 『금속노조 이슈페이퍼 e-금속이슈』 2022년 3월호, 금속노조 노동연구원, 2022, 1-47.

9   벨 훅스, 박정애 옮김, 『행복한 페미니즘』, 큰나, 2002.

10   유경순, 「1980년대 학생운동가들의 노학연대활동과 노동현장투신 방식의 변화」, 『기억과전망』 32호, 2015, 200-246.

11   최철웅, 「청년운동의 정치학」, 『문화과학』 2011년 여름호, 2011, 15-50.

12   최철웅, 위의 글, 2011.

13   경향신문 젠더기획팀, 『우리가 명함이 없지 일을 안했냐』, 경향신문사, 2022.

14   신경아, 앞의 글.

15   신경아, 앞의 글.

16   경향신문 젠더기획팀, 앞의 책.

17   손희정, 「페미니즘 리부트: 한국 영화를 통해 보는 포스트-페미니즘, 그리고 그 이후」, 『문화과학』 2015년 가을호, 2015, 14-47.

18   배은경, 「'경제 위기'와 한국 여성」, 『페미니즘 연구』 제9권 2호, 2009, 39-82.

19   마경희·문희영·조서연·김리나, 『지배적 남성성의 균열과 변화하는 남성의 삶: 남성들 내부의 차이를 중심으로』, 한국여성정책연구원, 2017.

20   신경아, 앞의 글.

21   마경희 외, 앞의 글.

22   김미라, 「TV매체에 재현된 새로운 남성성(masculinity)과 그 한계: 주말 예능 프로그램을 중심으로」, 『한국콘텐츠학회논문지』 제14권 1호, 2014, 88-96.

23   문현아, 「돌보는 남성성의 가능성 모색: 남성의 가족돌봄 사례를 중심으로」, 『한국여성학』 제37권 3호, 2021, 33-63.

24   권김현영, 「근대 전환기 한국의 남성성」, 『한국 남성을 분석한다』, 교양인, 2017, 68-103.

25   윤정향·황수옥·윤자호, 「여성 노동자의 노조활동 침체 원인: 노동조합 여성간부의 경험」, 『산업노동연구』 제25권 2호, 2019, 1-35.

26   여성평우회, 「조기정년제의 이론적 조명」, 『여성평우』 제2호, 1984, 20-31.

27   박선영·김태환·권혜자·김저예·김명아, 「여성·가족 관련 법제의 실효성 제고를 위한 연구(Ⅴ): 「남녀고용평등법」 제정 30년의 성과와 과제」, 한국여성정책연구원, 2017.

28   조순경, 「합법을 가장한 위법의 논리: 농협의 사내 부부 우선 해고와 '의도적 차별'」, 『노동과 페미니즘』, 이화여자대학교 출판부, 2000, 138-168.

29   캐런 메싱, 김민아 외 옮김, 『일그러진 몸』, 나름북스, 2022.

30 루스 밀크먼, 앞의 책.

31 허은, 「창원 지역 노동계급 여성의 성별 노동 불평등적응 기제에 관한 연구」, 『경제와 사회』, 2018, 158-197.

32 윤정향 외, 앞의 글.

33 박현미, 「노조의 여성간부 리더형성 과정 연구: 선출직 노조 여성간부의 경력 형성을 중심으로」, 한국노총중앙연구원, 2011.

34 이금자, 「전교조 내 공론장 구조와 왜곡 요인에 관한 연구: 합법화(1999년~) 이후 전교조를 중심으로」, 성공회대학교 교육대학원 석사학위논문, 2006.

35 이금자, 위의 글.

36 윤정향 외, 앞의 글.

37 김금숙, 「할당제의 두 얼굴: 민주노총 여성할당제 효과분석을 중심으로」, 성공회대학교 NGO대학원 석사학위논문, 2011.

38 이영수, 「성별화된 조직과 여성배제에 관한 연구」, 『여성학연구』 제20권 1호, 2010, 193-221.

39 김미란, 「21세기 중국의 남성성 담론. '꽃미남(娘炮)' 비판에서 '돌보는 아버지'의 등장까지」, 『동북아 문화연구』 제73집, 2022, 173-193.

40 이영수, 앞의 글.

41 전국금속노동조합 여성위원회, 「2014년 금속노조 여성조합원 일·가정·여가 생활 실태조사 보고서」, 전국금속노동조합 여성위원회, 2014.

42 칼 마르크스·프리드리히 엥겔스, 편집부 옮김, 『신성가족』, 이웃, 1990.

43 문현아, 앞의 글.

44 문현아, 앞의 글.

45 벨 훅스, 앞의 책.

46   질리언 로즈, 정현주 옮김, 『페미니즘과 지리학』, 한길사, 2011.

47   김미경, 「면접조사 결과」, 『노동조합 내 의사결정기구의 여성참여 확대 방안』, 전국민주노동조합총연맹, 2000.

48   이재훈, 「공공운수노조 간부의식조사 결과 보고서」, 사회공공연구원, 2019.

49   장명국·이경숙, 「민족민주운동으로서의 여성운동의 과제-여성 노동운동을 중심으로」, 『새벽』 3호, 1988.

50   김원, 「1970년대 여공과 민주노조운동」, 『한국정치학보』 제38집 5호, 2004, 125-151.

51   김현미, 『글로벌 시대의 문화번역: 젠더, 인종, 계층의 경계를 넘어』, 또하나의 문화, 2005.

52   김미경, 앞의 글.

53   조순경·김혜숙, 「민족민주운동과 가부장제」, 『광복50주년 기념 논문집』 제8권, 1995, 257-290.

54   전희경, 『오빠는 필요없다』, 이매진, 2008.

55   이은아, 「기업 내 남성 네트워크와 여성 배제에 관한 연구」, 이화여자대학교 여성학과 석사학위논문, 1999.

56   나윤경, 「여성 연대를 향한 성인교육학적 시론: 여성지도자들의 명예 남성성에 대한 여성주의적 방안」, Andragogy Today 제7권 4호, 2004, 49-73.

57   나윤경, 위의 글.

58   문강분, 「직장 내 괴롭힘 법제화와 여성노동」, 『이화젠더법학』 제12권 제1호, 2020, 37-68.

59   이나영, 「페미니스트 관점에서 본 '미투 운동'의 사회적 의미」, 『복지동향』 제234호, 2018, 5-12.

60   민주노총 여성위원회, 「민주노총 사업장 직장내 성희롱 예방교육 실태조사를 통한 일터 성폭력 예방과 대응방안 모색」, 2016.

61   이주환, 「페미니스트 페다고지의 관점에서 노동조합 성평등 교육의 성과와 과제: 민주노총 성평등 강사단 교육 사례 연구」, 성공회대학교 석사학위논문, 2018.

62   로자 룩셈부르크, 최규진 옮김, 『대중파업론』, 풀무질, 1995.

63   김민정, 「2015년 이후 한국 여성운동의 새로운 동향」, 『정치·정보연구』 제23권 2호, 2020, 59-88.

64   양선숙, 「미투서사와 진실, 그리고 정의」, 『법정연구』 제21권 4호, 2018, 299-328.

65   이나영, 앞의 글.

66   문강분, 앞의 글.

67   김민정, 앞의 글.

68   김민정, 앞의 글.

69   김보명, 「전 지구적 시각에서 보는 Me Too운동」, 『황해문화』 여름, 2018, 198-209.

70   나윤경, 앞의 글.

71   박현미·신재열, 「남녀 노조리더십 성격에 관한 연구: 성평등지향 리더십을 중심으로」, 한국노총중앙연구원, 2013.

72   프리드리히 엥겔스, 김대웅 옮김, 『가족 사유재산 국가의 기원』, 아침, 1985.

73   신병현·이황현아, 『노동조합운동의 가부장적 문화와 극복 방향』, 전국민주노동조합총연맹, 2010.

74   정현백, 「노동조합내 여성의 대표성 제고를 위한 방안: 외국의 사례를 중심으로」, 『노동조합 내 의사결정기구의 여성참여 확대 방안』, 전국민주노동조합총연맹, 2000.

75   조순경·김혜숙, 앞의 글.

76   박현미·신재열, 앞의 글.

77 민주노총, 「민주노총 25년, 여성대표성의 현황과 과제: 민주노총 성평등지수 조사결과 발표 및 조직혁신 토론 자료집」, 2019.

78 박현미·신재열, 앞의 글.

79 민주노총, 앞의 글.

80 정지영, 「민주노총 여성사업 진단과 과제: 여성 노동자를 민주노총 혁신의 주체로 세우자」, 『사회운동』 제92권, 2010, 97-111.

81 김미경, 앞의 글.

82 김미경, 앞의 글.

83 김금숙, 앞의 글.

84 신병현·이황현아, 앞의 글.

85 드루드 달레룹, 이영아 옮김, 『민주주의는 여성에게 실패했는가』, 현암사, 2018.

86 크리스 위던, 조주현 옮김, 『여성 해방의 실천과 후기 구조주의 이론』, 이화여자대학교 출판부, 1993.

87 벨 훅스, 윤은진 옮김, 『페미니즘: 주변에서 중심으로』, 모티브북, 2010.

88 이진희, 앞의 글.

89 벨 훅스, 2010, 앞의 책.

90 로즈마리 퍼트남 통, 이소영 옮김, 『페미니즘 사상: 종합적 접근』, 한신문화사, 2000.

91 이진희, 앞의 글.

92 벨 훅스, 2020, 앞의 책.

참고문헌

단행본

경향신문 젠더기획팀, 『우리가 명함이 없지 일을 안했냐』, 경향신문사, 2022.

구해근, 『한국 노동계급의 형성』, 창비, 2002.

김현미, 『글로벌 시대의 문화번역: 젠더, 인종, 계층의 경계를 넘어』, 또하나의문화, 2005.

드루드 달레룹, 이영아 옮김, 『민주주의는 여성에게 실패했는가』, 현암사, 2018.

로자 룩셈부르크, 최규진 옮김, 『대중파업론』, 풀무질, 1995.

로즈마리 퍼트남 통, 이소영 옮김, 『페미니즘 사상: 종합적 접근』, 한신문화사, 2000.

루스 밀크먼, 전방지·정영애 옮김, 『젠더와 노동: 제2차 세계 대전기 성별 직무 분리의 역학』, 이화여자대학교 출판부, 2001.

마경희·문희영·조서연·김리나, 『지배적 남성성의 균열과 변화하는 남성의 삶: 남성들 내부의 차이를 중심으로』, 한국여성정책연구원, 2017.

벨 훅스, 박정애 옮김, 『행복한 페미니즘』, 큰나, 2002.

벨 훅스, 윤은진 옮김, 『페미니즘: 주변에서 중심으로』, 모티브북, 2010.

엄기호·정희진·권김현영, 『한국 남성을 분석한다』, 교양인, 2017.

전국금속노동조합, 『여성노동자, 반짝이다』, 나름북스, 2021.

전희경, 『오빠는 필요없다』, 이매진, 2008.

조순경, 『노동과 페미니즘』, 이화여자대학교 출판부, 2000.

질리언 로즈, 정현주 옮김, 『페미니즘과 지리학』, 한길사, 2011.

칼 마르크스·프리드리히 엥겔스, 편집부 옮김, 『신성가족』, 이웃, 1990.

캐런 메싱, 김민아 외 옮김, 『일그러진 몸』, 나름북스, 2022.

크리스 위던, 조주현 옮김, 『여성 해방의 실천과 후기 구조주의 이론』, 이화여자대학교 출판부, 1993.

프리드리히 엥겔스, 김대웅 옮김, 『가족 사유재산 국가의 기원』, 아침, 1985.

Nancy F. Gabin, *Feminism in the Labor Movement: Women and the United Auto Workers, 1935-1975*, New York: Cornell University Press, 1990.

논문 및 자료

김가은·엄유진·권기성·김연수, 「직장인의 미투운동 인식에 대한 탐색적연구」, 『한국공안행정학회보』 제27권 2호, 2018.

김경희·김혜장, 「가부장적 국가」, 『여성과 사회』 제8호, 1977.

김금숙, 「할당제의 두 얼굴: 민주노총 여성할당제 효과분석을 중심으로」, 성공회대학교 NGO대학원 석사학위논문, 2011.

김미라, 「TV매체에 재현된 새로운 남성성(masculinity)과 그 한계: 주말 예능프로그램을 중심으로」, 『한국콘텐츠학회논문지』 제14권 1호, 2014.

김미란, 「21세기 중국의 남성성 담론. '꽃미남(娘炮)' 비판에서 '돌보는 아버지'의 등장까지」, 『동북아 문화연구』 제73집, 2022.

김민정, 「2015년 이후 한국 여성운동의 새로운 동향」, 『정치·정보연구』 제23권 2호, 2020.

김보명, 「전 지구적 시각에서 보는 Me Too운동」, 『황해문화』 여름, 2018.

김원, 「1970년대 여공과 민주노조운동」, 『한국정치학보』 제38집 5호, 2004.

김준, 「경합하는 정체성, 남성성, 그리고 계급: 1970년대 거대 조선사업장 노동자들의 사례」, 『산업노동연구』 제16권 제1호, 2010.

김진욱·권진, 「아버지들의 육아휴직 경험에 관한 질적연구」, 『한국사회정책』 제22권 3호, 2015.

나윤경, 「여성 연대를 향한 성인교육학적 시론: 여성지도자들의 명예 남성성에 대한 여성주의적 방안」, Andragogy Today 제7권 4호, 2004.

문강분, 「직장 내 괴롭힘 법제화와 여성노동」, 『이화젠더법학』 제12권 제1호, 2020.

문현아, 「돌보는 남성성의 가능성 모색: 남성의 가족돌봄 사례를 중심으로」, 『한국여성학』 제37권 3호, 2021.

민가영, 「젠더·계층의 교차를 통해 본 20대 대학생의 성별분업에 대한 인식: 가족의 경제적 지원을 받는 서울지역 4년제 대학생을 중심으로」, 『한국여성학』 제32권 2호, 2016.

민주노총 여성위원회, 「민주노총 사업장 직장내 성희롱 예방교육 실태조사를 통한 일터 성폭력 예방과 대응방안 모색」, 2016.

민주노총 여성위원회, 「민주노총 성평등 문화 확대를 위한 대토론회 자료집」, 2017.

민주노총, 「민주노총 25년, 여성대표성의 현황과 과제: 민주노총 성평등지수 조사결과 발표 및 조직혁신 토론 자료집」, 2019.

박선영·김태환·권혜자·김저예·김명아, 「여성·가족 관련 법제의 실효성 제고를 위한 연구(V): 「남녀고용평등법」 제정 30년의 성과와 과제」, 한국여성정책연구원, 2017.

박현미, 「노조의 여성간부 리더형성 과정 연구: 선출직 노조 여성간부의 경력형성을 중심으로」, 한국노총중앙연구원, 2011.

박현미·신재열, 「남녀 노조리더십 성격에 관한 연구: 성평등지향 리더십을 중심으로」, 한국노총중앙연구원, 2013.

배은경, 「'경제 위기'와 한국 여성」, 『페미니즘 연구』 제9권 2호, 2009.

손희정, 「페미니즘 리부트: 한국 영화를 통해 보는 포스트−페미니즘, 그리고 그 이후」, 『문화과학』 2015년 가을호, 2015.

신경아·장수정, 「노동운동은 성평등한가 : 노동운동 내 여성의 구조적 주변화에 관한 고찰」, 『여성과 사회』 제12호, 2001.

신경아, 「신자유주의시대 남성 생계부양자의식의 균열과 젠더관계의 변화」, 『한국여성학』 제30권 4호, 2014.

신병현·이황현아, 『노동조합운동의 가부장적 문화와 극복 방향』, 전국민주노동조합
　　총연맹, 2010.

양선숙, 「미투서사와 진실, 그리고 정의」, 『법정연구』 제21권 4호, 2018.

엄재연, 「금속노조 여성 노동자의 작업장 경험: 자동차업종 사례」, 『금속노조이슈페
　　이퍼 e-금속이슈』 2022년 3월호, 금속노조 노동연구원, 2022.

여성평우회, 「조기정년제의 이론적 조명」, 『여성평우』 제2호, 1984.

유경순, 「1980년대 학생운동가들의 노학연대활동과 노동현장투신 방식의 변화」,
　　『기억과전망』 32호, 2015.

윤정향·황수옥·윤자호, 「여성 노동자의 노조활동 침체 원인: 노동조합 여성간부의 경
　　험」, 『산업노동연구』 제25권 2호, 2019.

이금자, 「전교조 내 공론장 구조와 왜곡 요인에 관한 연구: 합법화(1999년~) 이후 전
　　교조를 중심으로」, 성공회대학교 교육대학원 석사학위논문, 2006.

이나영, 「페미니스트 관점에서 본 '미투 운동'의 사회적 의미」, 『복지동향』 제234호,
　　2018.

이영수, 「성별화된 조직과 여성배제에 관한 연구」, 『여성학연구』 제20권 1호, 2010.

이은아, 「기업 내 남성 네트워크와 여성 배제에 관한 연구」, 이화여자대학교 여성학
　　과 석사학위논문, 1999.

이재훈, 「공공운수노조 간부의식조사 결과 보고서」, 사회공공연구원, 2019.

이주환, 「페미니스트 페다고지의 관점에서 노동조합 성평등 교육의 성과와 과제: 민
　　주노총 성평등 강사단 교육 사례 연구」, 성공회대학교 석사학위논문, 2018.

장명국·이경숙, 「민족민주운동으로서의 여성운동의 과제-여성 노동운동을 중심으
　　로」, 『새벽』 3호, 1988.

전국금속노동조합 여성위원회, 「2014년 금속노조 여성조합원 일·가정·여가생활 실
　　태조사 보고서」, 전국금속노동조합 여성위원회, 2014.

정지영, 「민주노총 여성사업 진단과 과제: 여성 노동자를 민주노총 혁신의 주체로 세우자」, 『사회운동』 제92권, 2010.

정현백·정진주·김미경, 『노동조합 내 의사결정기구의 여성참여 확대 방안』, 전국민주노동조합총연맹, 2000.

조순경·김혜숙, 「민족민주운동과 가부장제」, 『광복50주년 기념 논문집』 제8권, 1995.

최미진, 「한국 여성 노동의 현실과 투쟁」, 『마르크스21』 13호, 2012.

최영화, 「나는 5호선 열차 기관사」, 『평등다지기』 6호, 여성민우회, 2003.

최철웅, 「청년운동의 정치학」, 『문화과학』 2011년 여름호, 2011.

허은, 「창원 지역 노동계급 여성의 성별 노동 불평등적응 기제에 관한 연구」, 『경제와 사회』, 2018.

신문기사

강예슬, "금속노조 7년 만에 모범단협 개정", 〈매일노동뉴스〉, 2021.12.22.

김동규, "전쟁과 여성, 그리고 리벳공 로지", 〈경기신문〉, 2021.11.26.

김미정, "[어떻게든 페미니스트로 살기] "나는 살아남은 건설노조의 페미니스트다"", 〈참여와혁신〉, 2021.03.11.

이종호, "대법 판결 무시한 법 위의 현대차와 지난한 싸움", 〈민중언론 참세상〉, 2012.10.29.

이진희, "[기고] 우리가 만드는 성평등한 일터!", 〈충북인뉴스〉, 2022. 03.03.

이철의, "새벽에 들이닥친 경찰… 1994년 6월 23일, 그때 그 파업", 〈오마이뉴스〉, 2020.07.02.

장필수, "대법, "2013년 철도노조 파업은 적법" 판결", 〈한겨레〉, 2020.10.26.

전소영, "[투쟁으로 쓴 여성노동史③] 결혼해서도, 나이 들어서도 우리는 일하고 싶었다", 〈투데이신문〉, 2021.06.24.

최나영, "안산건설기능학교를 가다", 〈매일노동뉴스〉, 2021.05.11.

"'금복주, 결혼 여직원 모두 강제 퇴사'…창사이래 60년간 관행", 〈경향신문〉, 2016.08.24.

"<10대 노동뉴스 10위> 대법원 철도노조 3중간선제 무효 판결", 〈매일노동뉴스〉, 2000.12.26.

기타

「2021년 노동조합조직 현황 분석」, 고용노동부, 2022.12.

「고인의 죽음을 애도하며 우리는 요구합니다」, 서울교통공사노동조합 책읽는여성노동자모임, 2022.09.15.

「성희롱 실태조사 보고서」, 여성가족부, 2015.

「자녀 맞돌봄 문화 확산으로 남성 육아휴직이 꾸준한 증가 추세」, 고용노동부, 2022.04.26.